KB112587

익숙한 혁신

익숙한 혁신

발행일	2017년 10월 31일
지은이	김 태 일
펴낸이	배정자, 강재구
펴낸곳	(주)드림워커
디자인	(주)북랩 한수희
출판등록	제2017-000068호
주소	경기도 부천시 경인로 60번길 40 부천시사회적경제센터
전화번호	070-4204-4404
ISBN	979-11-961726-1-9 03320

이 도서의 국립중앙도서관 출판예정도서목록(CIP)은 서지정보유통지원시스템 홈페이지(http://seoji. nl.go.kr)와 국가자료공동목록시스템(http://www.nl.go.kr/kolisnet)에서 이용하실 수 있습니다. (CIP제어번호: CIP2017027345)

한 번뿐인 인생을 성공으로 이끄는 습관

익숙한 혁신

김태일 지음

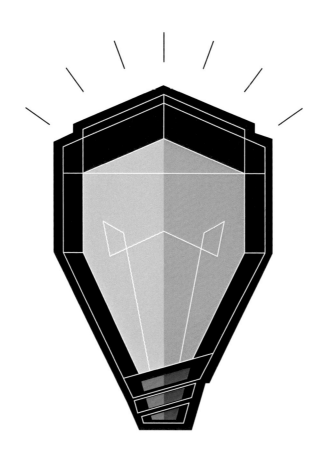

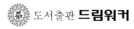 도서출판 **드림워커**

김태일의 글은 젊다. 이미 연륜이 묻어나는 나이에는 흔치 않은 일이다. 어쩌면 그가 말하는 '혁신'도 부단히 젊어지려는 평생의 '자강불식(自强不息)' 정신에 닿아 있을 것이다. 이렇게 하여 그는 경제적 활동에서도 큰 성취를 이뤘다. 젊은이들은 이 책을 통해 큰 감동을 얻고 스스로 일어서거나 버티는 힘을 발견할 수 있을 것이다.

- 서강대학교 철학과 교수, 건명원 원장 **최진석**

꽤 오랫동안 김태일 대표를 알아 왔다. 그리고 이 책은 대한민국의 경제와 곧은 리더상을 만들어 왔던 그의 정련된 기록이라고 생각한다. 어쩌면 김 대표는 대한민국 누구나가 질문하는 '사회적 발전과 혁신을 어떻게 만들어 갈 수 있는가?'를 가장 잘 알고 있는 사람일지도 모른다. 그가 만들어 왔던 경험들이 책으로 엮어졌다는 사실이 나는 누구보다 기쁘다. 그의 메시지가 이 땅의 젊은이들과 '혁신'을 바라는 사람들에게 큰 외침이 될 수 있기를 바라 본다.

- 전 KNN 사장 **문혁주**

음표의 찬란한 변화를 포착한 작곡가들이 각고의 노력을 더해 명곡들이 만들어진다는 것은 우리가 다 아는 사실이다. 하지만 정말 중요한 것은 '누가 어떤 철학을 가지고 지휘하느냐'에 따라 그 곡이 진정한 명곡으로 완성된다는 것이다. 지금껏 드러나지 않는 곳에서 국내 경제에 지대한 영향을 준 진솔하고 탁월한 리더 김태일 대표의 글은 자신의 인생이 명곡으로 완성되기를 바라는 이들에게 매우 중요한 의미가 될 것이라 생각한다.

- 부산심포니오케스트라 예술감독 **오충근**

지나고 보니, 언제 그 시간들이 다 지났나 싶다. 사람들에게는 목숨처럼 지키고 싶은 가치관이 있다. 때로, 어떤 사람들은 자신이 가진 것들과 가지고 싶은 것들에 지나치게 집착한 나머지 가치관이란 게 어디 있나 싶을 정도로 무심하게 살아가는 사람도 있는 게 사실이다. 하지만, 실제로 많은 사람들은 내면의 '가치'에 따라서 산다.

나 역시, 내면에서 떠오르는 본질에 충실한 삶을 살기 위해서 매사 스스로를 추슬렀다. 그리고 지금 내가 서 있는 이 자리는 그런 소신의 결과라고 할 수 있다. 사실, 나는 여러 면에서 부족한 사람이다. 그럼에도 많은 사람들에게 인정받을 수 있었던 데는 나름의 이유가 있다고 생각한다. 때로 다른 사람들이 너무하다 싶을 정도로 원칙과 소신, 그리고 정직을 생활의 신조로 삼아 살아왔던 것이다.

'혁신'이라는 말의 사전적 의미는 '묵은 풍속, 관습, 조직, 방법들을 완전히 바꾸어서 새롭게 하는 것'이라 한다. 혁신은 변화이다. 많은 사람들이 자신에게 변화가 있었으면 하고 바란다. 사람은 변화를 통해서 성장한다. 그리고 혁신은 발전이다. 사실, 어제와 똑같은 모습으로는 발전을 기대하기가 상당히 어렵다. 그건 요행을 바라는 것이거나, 감나무 밑에서 감이 떨어지기를 기다리는 것과 같다고 할 수 있을 것이다.

누군가는 나를 성공한 사람이라고 말하기도 했다. 철공소라고 할 수 있는 조그만 회사에 말단 사원으로 입사해서 그 회사의 성장을 목도하며 결국 조 단위의 글로벌 회사 대표가 되기까지 끊임없이 그 생활을 함께했으니, 그리 보는 것이 무리는 아닐 것이다. 하지만 성공은 '결과론적' 측면이 강한 단어이다. 나는 그보다는 '과정'의 소중함을 느끼는 사람이다. 인생 가운데 혁신은 그래서 중요하다.

성공을 재정적인 부유함만 가지고 이야기한다면 이 세상은 참으로 불행한 공간이 될 것이다. 성공은 삶의 장면들 속에서 소소한 혁신을 만들어 가는 모든 사람들의 몫이다. 일상의 작은 일에서부터 1년 혹은 10년 단위의 목표를 이룬 사람에 이르기까지 삶의 짜릿함과 아름다움을 맛본 모든 사람들이 바로 성공자라고 나는 생각한다.

회사와 생사고락을 하는 동안 제대로 된 매뉴얼이 없을 때도 있었지만, 그리고 관례적 규정을 만들어 사람들을 관리한다지만… 결국 모든 것은 사람에 의해 이루어졌다. 사람이 중요하다. 그리고 조직에는 책임 있는 리더십을 갖춘 사람이 있어야 성장하고 발전할 수 있다.

이제 나의 이야기를 좀 풀어 가 보려고 한다. 삶에 있어 소중하다고 생각했던 것, 삶의 지표로 삼았던 것, 그리고 나를 지배하고 있었던 정신적 방향성 등… 지금의 나를 만들어 준 매우 가치 있는 것들에 대해 이야기하려는 것이다. 나의 이야기가 인생의 혁신을 만들어 가려는 사람들에게 표준이라고 할 수는 없을지라도, 누군가의 삶에 변화를 만들어 갈 수 있는 작은 힌트가 될 수 있다면 나는 그것을 무한한 행복으로 여길 것이다.

지금 이 순간 당신은 나를 바라보고 있다. 그리고 나 역시 이 책을 집어든 당신을 바라보고 있다. 그렇게 당신과 나는 이어져 있다. 서로의 삶이 다른 모습을 하고 있을지라도, 그렇게 당신과 나는 시간과 장소를 초월해서 연결되어 있다. 그리고 그런 연결은 매우 값지고 결정적인 인생의 터닝 포인트를 만들어 낼 수 있다고 나는 믿고 있다.

삶의 변화를 만들어 가고 있는 당신을 힘 있게 응원하는 바이다.

2017년 10월
김태일 Dream

목차

추천사 ·· 5

머리말 ·· 7

Part 1
혁신은 나를 바꾸고
아는 것에서 시작한다

기업인 인생 스토리의 시작 ····································· 14

내가 가장 잘할 수 있는 일이 뭘까 ························ 19

끊임없는 발전의 계기들, 그리고 기회 ···················· 25

문제점을 인지하고 개선점을 고안해내다 ············· 29

실패할 때마다 우리는 성장한다 ···························· 35

스스로를 혼란스럽게 하는 요소들은 언제나 있다 ······ 39

동기부여를 위해서는 자신만의 시간이 필요하다 ······ 44

예정된 리스크에 과감하게 맞서라 ························ 48

새지 않도록 하는 것이 발전의 기본이다 ··············· 54

철저한 대비가 미래를 만들어 낸다 ······················ 59

시작은 그리 중요하지 않을 수도 있다 ·················· 63

Part 2

나와 주변을 모두 발전하게 하는 혁신 마인드

사람에게 있는 본연의 나태함을 인정하라 ·············· 68
자신의 성공에 대해서 느긋하고 유연해져라 ·············· 72
너그러움이 만들어 내는 의미 있는 결과 ·············· 75
위기를 극복하고 발전을 꾀하라 ·············· 79
유대감을 가져라 ·············· 82
습관이 미래를 만든다 ·············· 85
미룰 것인가, 책임질 것인가 ·············· 89
때론 대의를 위해 무릎 꿇을 수 있어야 한다 ·············· 92
더 많은 능률을 위해 위임하라, 하도급 ·············· 95
연구하고 또 연구하라 ·············· 99
사소한 것 하나에도 기꺼이 책임지는 태도를 가져라 ·············· 105

Part 3

능력도 좋지만, 열정을 먼저 품어라

자신에 대한 평가에 겸허하라 ·············· 112
열심히도 좋지만 효율적인 일꾼이 되기 위해 노력하라 ······ 116
너그러움이 감동이 된다 ·············· 120
좌절을 통해서 배워라 ·············· 123
상호 간의 신뢰가 위기를 극복한다 ·············· 128
언제나 유연한 다변화를 꿈꿔라 ·············· 131
다른 이의 마음을 얻어라 ·············· 135
본질에 충실하라 ·············· 139
첫 경험을 잘 살려라 ·············· 142
실행부터 먼저 하라, 때로는 동기가 나중에 생길 수 있다 ······ 147
현재를 통해 미래를 살다 ·············· 151
때론 눈물이 삶을 흔들 때도 있다 ·············· 155
진정한 용기란 무엇인가 ·············· 159

Part 4 책임지는 사람이 결국 리더가 된다

가치관이 미래를 만든다 ⋯⋯⋯⋯⋯⋯⋯⋯⋯⋯⋯⋯ 164
우직함도 좋지만, 아이디어로 승부하라 ⋯⋯⋯⋯⋯ 169
인생을 주도면밀하게 살아라 ⋯⋯⋯⋯⋯⋯⋯⋯⋯⋯ 174
이론은 경험을 이길 수 없다 ⋯⋯⋯⋯⋯⋯⋯⋯⋯⋯ 179
가능성을 미리 염두에 두고 있어라 ⋯⋯⋯⋯⋯⋯ 183
심각한 문제 발생 시 어떻게 처리할 것인가 ⋯⋯ 188
문제들이 닥쳤을 때 성공자의 마음을 가져라 ⋯ 192
주변을 번거롭게 하는 일을 피하라 ⋯⋯⋯⋯⋯⋯ 196
욕심은 바닷물을 퍼내는 것처럼 한이 없다 ⋯⋯ 200

Part 5 나를 어떻게 혁신할 것인가

고객 감동 실천 활동 ⋯⋯⋯⋯⋯⋯⋯⋯⋯⋯⋯⋯⋯ 204
'무엇을'보다 '어떻게'가 더 중요하다 ⋯⋯⋯⋯⋯ 207
솔개의 뼈아픈 선택을 기억하라 ⋯⋯⋯⋯⋯⋯⋯ 210
부족함을 인정하면 훨씬 더 행복해질 수 있다 ⋯⋯ 213
이 또한 지나가리라 ⋯⋯⋯⋯⋯⋯⋯⋯⋯⋯⋯⋯⋯ 217
사람을 보는 눈을 발전시켜라 ⋯⋯⋯⋯⋯⋯⋯⋯ 222
닭이 먼저냐 계란이 먼저냐 ⋯⋯⋯⋯⋯⋯⋯⋯⋯ 227
스스로가 더 행복해지기 위해 ⋯⋯⋯⋯⋯⋯⋯⋯ 230
산을 오른다는 생각으로 ⋯⋯⋯⋯⋯⋯⋯⋯⋯⋯ 234
내가 지금 일하고 있다면 ⋯⋯⋯⋯⋯⋯⋯⋯⋯⋯ 238

맺는 말 ⋯⋯⋯⋯⋯⋯⋯⋯⋯⋯⋯⋯⋯⋯⋯⋯⋯⋯ 241

Part 1

혁신은
나를 바꾸고
아는 것에서
시작한다

기업인 인생 스토리의 시작

나의 인생은 '성우하이텍'이라는 회사의 성장과 그 맥을 같이 하고 있다고 해도 과언이 아니다. 나는 '성우'가 조그만 철공소 정도의 규모에서 시작해서 조가 넘는 매출을 기록할 때까지 함께했던 사람이었다. 그것도 처음부터 대표이사나 임원이었던 게 아니라, 말단 사원으로 입사해서 대표이사가 되기까지 소소한 에피소드들을 껴안듯 함께 했다. 이제부터 내가 하려는 이야기들은 바로 그런 이야기의 단편들이다.

1978년 말에 군에서 제대를 하고 개인 사업을 시작했었다. 하지만 상황은 내가 원하는 대로 되지 않았다. 1979년 제2차 유류파동이 터지면서 사업은 실패를 하고 말았다. 실패에는 시대적 배경을 포함해 원인이라고 할 수 있는 것들이 있었다.

당시 유류파동의 영향으로 원료공급에 문제가 생겼다. 주말에는 주유소가 문을 닫기 때문에 기름을 얻을 수 없는 상태였다. 유가는 상승하고 있었다. 내가 투자한 사업은 기름이 많이 필요한 사업이었고 경험이 많지 않은 상태에서 무리한 투자를 한 것이 실패의 원인이었다. 젊은 혈기로 의욕만 앞서다 보니 너무 도전적이기만 했던 것 같다.

그 외의 다른 원인을 꼽자면, 소비자들의 건강에 좋지 않은 제품이라는 이미지를 극복할 방법은 거의 없다는 데 있었다. 나의 최초의 창업은 초자(유리그릇)로 시작했었다. 소주잔에 네잎클로버 꽃무늬를 최초로 넣었는데 부산의 한 대학교 모 교수가 ○○일보에 그것이 발암물질이라고 언론에 발표하면서 사업이 급정지되고 말았다. 경험이 부족했다. 20대 중반이 지난 시기에 재산을 다 날리고 받을 논은 못 받고, 거리에 나앉을 정도의 신세가 되고 말았다. 그때 내 기억으로는 참 많은 눈물을 흘렸던 것 같다.

힘들어 하는 나에게 집안 어른께서 '직장이라도 들어가서' 생활을 하도록 권유하셨다. 그렇게 나의 직장 생활이 시작되었다. 취업을 하도록 소개받은 곳은 세 군데였다. 한 군데는 그 당시 운영이 잘 되던 합판 공장이었다. 다른 한 곳은 자동차 정비 공장, 그리고 나머지 한 곳이 평생의 인연을 만들어 준 금속 가공 공장(성우금속 공업사)이었다.

사실, 처음부터 '성우'에 발을 담근 건 아니었다. 처음 취업했던 곳은 합판 공장이었다. 하지만, 접착제인 아교 냄새를 하루 종일 맡아야 하는 일이었기 때문에 두통이 생길 정도였다. 다음에 들어간 곳은 정비 공장이었다. 판금할 때 나는 소음도 문제였지만, 당시 여린 감성을 가진 내게 공장 구성원들의 거친 언사들은 쉽사리 적응하기 힘든 것이었다. 결국 작지만 비교적 조용하다고 느낀 자동차 부품 회사인 '성우'에 취업을 하게 되었다. 앞으로 자동차 산업에 있어 성장과 발전을 기대해도 좋겠다는 생각이 들었다. 당시 성우는 부산 사상 공단 안에 소재한 조그마한 회사였다. 당시의 회사명도 지금과 같은 '성우하이텍'이 아니라 '성우금속 공업사'였다.

영업 담당 대리에게 면접을 보았다. 1980년 9월 하순쯤이었다. 이후, 10월 1일부로 출근을 해도 좋다는 연락을 받았다. 그렇게 성우의 품질 담당자로서의 인연이 시작되었다. 당시 공장 내에는 체계적인 업무 절차나 품질에 대한 매뉴얼이 없었다. 그러다 보니, 선임자에 의한 기술지도 없는 상황에서 내가 회사 제품에 대한 기준을 만들어야 했다. 하지만, 전문 분야에 대한 지식이나 기술이 없으니 난감한 경우가 많았다. 서점에서 품질에 대한 책을 몇 권 사놓고, 사무용품과 제도기구 등을 구입해 경비실 한쪽에서 '검사 기준서'라는 양식을 만들어서 작성하기 시작했다.

처음에 입사를 하고 보니, 현장에 있는 반장들과 호흡을 맞추기가 쉽지는 않았다. 품질을 담당한 내가 현장에서는 브레이크를 거는 귀찮은 사람으로 인식이 되었던 것이다. 그러다 보니, 그들과 처음에는 그다지 사이가 좋지 않았다. 하지만 그런 상태를 극복할 수 있어야 했다. 그들과 호흡을 맞추기 위해 현장에 있는 시간을 많이 갖고자 했다. 아침부터 현장에 나가 일을 하고, 퇴근할 시간에 사무실로 와서 서류 정리를 하며, 밤늦게까지 검사 기준서도 만들었다.

나의 기업인으로서의 시작은 그렇게 남들과 다를 것 없는 모습이었다. 뭔가 내가 사회에 기여할 수 있는 일이면서 생계를 책임질 수 있기에 선택한 일이었다. 동시에 나 역시 발전할 수 있는 일이라는 생각이 들었다. 그리고 이 시작이 내 나머지 인생의 매우 중요한 단초를 만드는 계기가 되었다. 동시에, 사회 안에서 봉사하며 모종의 기여를 할 수 있는 책임 있는 한 사람으로 '나'를 가다듬을 수 있는 이야기가 바로 이 순간 만들어지고 있었다.

생각해 볼 질문 ....

1. 당신에게 '시작'이란 어떤 의미가 있는가?

2. 후회하지 않는 시작을 하기 위해 필요한 것은 무엇이라고 생각하는가?

3. 사전 준비와 마음으로부터의 각오가 '시작'에 어떤 영향을 준다고 생각하는가?

내가 가장 잘할 수 있는
일이 뭘까

당시 나는 사업에 실패를 하고 갈 곳이 없었다. 겨우 조그마한 다락방을 구해 생활을 하는 것으로 직장 생활이 시작되었다. 집에 가는 게 싫어서 회사에서 잘 때도 있었다. 당시, '이 회사에서 내가 제일 잘 할 수 있는 것이 뭘까' 하며 생각해낸 것이 청소였다. 입사하고 경비실의 할아버지 옆에서 자면서 일주일에 한 번씩 집에 가며 매일 아침 마당 청소를 했고, 사무실 바닥에도 물을 뿌려 가며 청소를 했다.

청소를 시작하고 1주일이 지나 열흘째가 되고 나니, 마당이 왜 이렇게 깨끗하냐는 이야기들이 들리기 시작했다. 60대 넘은 할아버지와 함께 생활하며, 경비실 바닥에 스티로폼을 깔고 자는 생활을 이어갔다. 또 여직원들이 해야 할 사무실 청소를 내가 대신 해 주니 사람들이 좋아했다. 2~3개월 정도 지나고 나서, 나는 청소 때문에 사내에서 알려지는 사람이 되었다. 그랬다. 작은 일도 꾸준히 하니 어떤 방법으로든 인정을 받게 된다는 것을 그때 처음 알게 되었다.

당시에는 관리자들이 사무실 안에서 난로에 불 피우고 고스톱 치고 라면을 끓여 먹곤 했었는데, 나는 그것이 못마땅했다. 신년휴무가 지나고 사무실에 갔는데 그날도 역시 직원들이 퇴근을 안 하고 고스톱을 치고 있었다. 그 모습이 보기 싫어 그 날은 집에 가서 자고 아침에 출근을 했다. 그런데, 경비 할아버지가 보이질 않는 것이었다. 깜짝 놀라 사무실에 들어가 보니, 할아버지는 모포를 뒤집어쓰고 계셨다. 피를 흘리고 계셨는데 이미 돌아가신 상태였다.

놀란 가슴을 쓸어내리고 사무실을 둘러보니 금고가 열린 채로 물건들이 지저분하게 흩어져 있었다. 3개월 동안 내가 준비해왔던 검사 기준서 등의 서류도 화덕 안에서 다 탄 뒤였다. 금고털이 강도범이 사고를 낸 것이었다. 강도들이 전기선을 잘라 전화도 안 되는 상황이었다. 당시 그 작은 회사에 경비 살인 사고가 났으니 회사 전체의 분위기가 좋을 리 없었다. 그때부터 나도 덜컥 겁이 났다. 그래서 그때부터 집에서 출퇴근을 하기로 했다. 입사하고 얼마 되지 않은 시점에 그런 사고가 나니 불안한 마음이 생겼다. 그 사건은 이후에도 해결이 안 된 미제 사건으로 남았다.

그 후 3~4개월이 지났다. 내가 하던 일은 품질관리였는데, 회사에서 이번에는 생산 담당을 맡으라고 했다. 아마도 일들을 책임감 있게 했었기 때문에 부족하다고 생각되는 부서로 나를 보낸 것 같다. 당시 영업 담당자의 업무는 완제품을 차에 싣고 현대자동차에 가서 '포니2'의 부품을 납품하는 것이었다. 아침에 회사 제품을 2.5톤 차에 실어서 울산 현대자동차에 납품을 하고 돌아오곤 했다. 보통은 오후 5~6시쯤 되어 서류 정리를 했었는데, 그 모든 일들을 마치고 나면 늘 퇴근 시간이 10시가 넘곤 했다.

회사에서 일을 성실히 하기 위해 나름 열심히 노력했던 이유가 있었다. 이미 내 사업에 대한 경험과 실패가 있었기 때문이었다. '내가 열심히 하지 않으면 우리 회사도 힘들어지지 않을까' 하는 불안감이 늘 마음 한구석에 있었다. 현대자동차의 고객들에게도 자세를 낮추고 겸손할 수밖에 없었다. 납품을 승인 받지 못하면 거래명세서의 사인도 못 받고 수금도 안 되니까, 우리 회사의 60~70명이 되는 직원들이 열심히 일한 결과품을 내가 책임지고 있는 것이나 다름없었다. 내가 사인을 못 받아오면 돈도 받을 수 없었다. 당연히 주인의식과 책임감이 생겼다.

실제로 담당자들은 괜한 트집을 잡기도 했었다. 세상에 쉬운 일은 없었다. 그렇게 회사는 조금씩 성장해 가고 있었다. 그리고 규모가 더 큰 곳으로 공장을 옮겼다. 한 가지만으로는 우리 회사처럼 작은 회사는 살아남을 수가 없다는 것이 회사의 분위기였다. 현대자동차뿐만 아니라 동양물산에 농기구 부품을 만들어 납품하기도 했다. 다루는 재료가 철판이었기 때문에 그것으로 주방기구도 만들었고 지금의 LG 전신인 '금성사'의 전자제품 중 일부분을 만드는 일도 했다. 프레스 기계로 할 수 있는 일들을 이것저것 시도하면서 회사의 생존을 꾀했다.

하지만 2~3년이 지나고, 우리가 가야 할 방향이 그렇게 여러 개는 아니라는 생각이 들었다. 자동차 같은 경우에는 모델 교체 등으로 4~5년 정도의 라이프사이클이 있다. 이에 비해 전자제품은 계속적인 기술 향상이 이루어졌다. 수시로 업그레이드를 하는 통에 적응하기가 쉽지 않았던 것이다. 봄에 여름 제품을 만들다 보니까, 올해 제품이 내년이 되면 못 쓰는 경우가 태반이었다. 그러니 사양 전 모델 혹은 불량품이라고 하며 폐기가 되기도 했다. 회사로서는 막대한 손실이었다. 농기구의 경우에는 농번기에만 수요가 많았다. 생산에 대한 사이클의 기복이 심했다.

주방기구는 거의 스테인리스 제품이었는데, 당시에는 '스테인리스 용접' 기술이 그다지 발전해 있지 않았다. 그러다 보니 여러 애로 사항이 생겼다. 상대적으로 윤이 나고 반짝반짝한 주방기구를 만들기 위해서는 까다로운 가공 과정이 필요했다. 직원들이 먼지를 뒤집어쓰고 얼굴이 새까매지는 것을 보니 너무 마음이 아팠다. 게다가 1985년 무렵 중국 시장이 개방 되면서 우리 회사의 주방 기구도 경쟁력이 없어졌다.

농기구 관련 부분이 먼저 정리가 되면서 업종에 대한 집중과 선택을 해야 했다. 결과적으로 자동차 쪽으로 집중을 하자고 결정을 내리게 되었다. 상대적으로 볼 때 농기구, 전자제품 등에는 인력을 많이 필요로 했기 때문에 '집중과 선택'이라는 회사의 과제를 풀기 위해서는 직원의 3분의 1정도에 해당되는 80명 정도의 인원을 구조조정

해야 했다. 회사로서는 상당한 어려움의 시기였다.

경제적 위기 극복을 위해 애쓰던 중, 상황을 타개할 수 있는 흐름이 갑자기 만들어졌다. 현대자동차에서 만들어지는 자동차들이 관광버스에 이르기까지 스테인리스 바디와 몰딩이 유행을 하게 된 것이다. 주방기구 사업은 성공하지 못했지만, 주방기구의 스테인리스를 만진 경험과 기술을 활용할 수 있었다. 그것이 회사의 입장에서는 전화위복이 되었다. 당시 스테인리스를 만질 수 있는 회사는 몇 되지 않았다. 국내에서는 유일하게 이 기술을 자동차 사업에 살린 셈이었다.

한편으로는 이런 생각이 들기도 한다. '기업을 계속 살아있게 하는 것은 무엇인가?' 하는 문제이다. 아마도 그것은 '끊임없는 시도'일 것이다. 시도하지 않는 사람에게 운명은 길을 터주지 않는다. 시도하는 자에게 신은 또 다른 기회의 문을 열어 준다. 기업도 마찬가지이다.

생각해 볼 질문

1. 자신이 '하고 싶은 것'과 '잘하는 것' 사이에서 무엇을 선택해야 한다고 생각하는 가?

2. '잘하는 것'을 '하고 싶은 것'이 되도록 하려면 어떻게 해야 할까?

3. 자신의 장점을 제대로 파악하기 위해 자신에게 필요한 특성은 무엇이라고 생각하 는가?

끊임없는 발전의 계기들, 그리고 기회

당시에는 근무 환경이나 직업에 대한 인식이 지금처럼 체계적이지 않았다. 당시의 우리 회사는 구조조정 등으로 인력이 부족하기도 하였지만, 직원들의 이직도 많았다. 심지어 명절 때에 귀향했다가 귀사하지 않는 경우도 있었다. 직원들이 회사에 애사심을 가지고 근무할 수 있도록 하기 위해서 리더로서 그들이 애정을 느낄만한 뭔가를 만들 필요가 있는 시점이었다.

실제로 함께 일하는 동료 직원들을 배려하기 위해 개인적으로 노력한 일도 있었다. 나로서는 쉽지 않은 일이었지만, 회사에 대한 소속감과 애사심을 북돋기 위해 한 행동이었다. 이를테면 이런 것들이다. 명절에 강원도나 전라도 쪽으로 멀리 가는 생산직 사원들은 빨리 출발해야 했다. 회사에서는 명절 전날 상여금이 나오는 상황이었기 때문에 그들에게는 고향 방문 시간에 어려움이 있기도 했다.

그때는 내가 결혼을 한 지 얼마 안 되던 신혼 초 시절이었는데, 아내가 조그마한 아동복 가게를 하고 있었다. 내가 월급으로 13~14만 원을 받을 때였는데, 아내의 가게에서 명절 대목 때 생긴 돈으로 그들에게 미리 20만 원씩 돈을 줘서 보냈다. 지금 누가 들으면 '미쳤냐'고 했을지 모를 일들이었다. 이러한 일들로 직원들과 서로 신뢰와 믿음이 쌓였다.

일본어 공부를 할 수 있는 계기가 있었다. 처음엔 그저 필요할거라는 생각에서 공부를 했다. 당시 공장에는 주간과 야간조가 있었다. 나는 오후 8시쯤 야간조가 들어오면 두세 시간 같이 일을 하다가 퇴근을 하지 않고 경비실로 향했다. 경비실에는 일제시대 때 교도관 생활을 했었던 할아버지가 계셨던 것이다. 그분 곁에서 1년가량 일본어 공부를 했다. 연세가 많은 어른이었지만 경비 일이었던 청소를 대신하면서 배운 일본어는 직원들에게 나의 존재 가치를 인정받을 수 있는 하나의 이유가 되었다. 회사에서도 사장님께서 일본의 기술을 배워야 한다는 점을 중요시하셨고, 현대자동차도 일본의 미쯔비시자동차와 교류를 하고 있었기 때문에 그 선진기술을 배워야 한다는 생각에 일본어 공부를 지속했다.

어느 정도 시간이 지나고 나서 정식으로 일본어 공부반을 개설하기도 했었다. 몇 명의 동료 직원들과 함께 공부했는데, 회사일이 바쁘다 보니 한 달 후에는 반으로 줄었고, 3~4개월 지나고 나니 나밖에 안 남았다. 결국 내 옆에 가정교사 선생님을 모셔놓고 공부하듯

익숙한 혁신

꼼꼼하게 공부를 할 수 있었다. 나중에는 평상시에도 대화를 일본어로 했다. 그것이 일본어 공부의 큰 밑천이 되었다. 일본어를 배우며 '위기만 있는 것이 아니라 기회도 있는 것이구나'라는 것을 몸과 마음으로 깨달았다. 그 기회라는 건 이런 것이었다.

어느 날 일본에 출장을 갈 기회가 생겼다. 우리 회사에 일본어로 말할 수 있는 사람이 누가 있냐 했는데 아무도 없었다. 그래서 내가 손을 들었고 일본에 간 첫 케이스가 되었다. 출장을 위해 간 곳은 일본 도쿄의 우에노 공원 옆의 자동차 몰딩을 생산하는 회사였다. 그렇게 며칠 그곳에서 업무를 보고 돌아오면서 서툰 일본어였지만 회사를 대표했다는 생각에 뿌듯한 성취감을 가질 수 있었다.

내가 이런 이야기를 하는 것은 요즈음 젊은 세대들이 '나는 주어진 환경이 맞아야 한다'가 아니라 '안 좋은 환경에서도 내가 노력해서 할 수 있는 일이 있을 것이다'라는 생각을 가졌으면 하기 때문이다. 요즘 젊은이들은 대기업과 환경이 좋은 기업만 선호하는 경향이 있다. 하지만, 내게 맞는, 내가 일을 했을 때에 보람을 느끼고 인정을 받을 수 있는 회사가 진짜 좋은 회사이다. 내 경우 군에서 청소했던 것을 떠올리면서 회사 마당 청소를 하곤 했다. 크든 작든, 능력을 인정받고 능력을 발휘할 수 있는 회사에 가는 것이 더 바람직하지 않을까 나는 그렇게 생각한다.

생각해 볼 질문

1. 발전을 위해 스스로에게 필요한 부분들은 무엇인가?

2. 기회는 우연히 주어지는 것일까, 아니면 노력을 통해 주어지는 것일까?

3. 의미 있는 발전이 되도록 하기 위해 각자는 어떤 마음 자세를 가져야 할까?

문제점을 인지하고
개선점을 고안해내다

일본 출장에서 몰딩 작업을 하는 것을 볼 수 있었다. 우리 공장 근로자들의 상황과는 많이 다르다는 걸 느낄 수 있었다. 우리 공장의 작업자들은 작업하는 동안 이마를 제외한 얼굴이 엄청 새까매지는 경우가 많았다. 중앙 집중식 집진 닥트방식을 사용했기 때문이다. 이에 비해 일본은 포터블 집진시스템이라고 해서 개별식이었다. 그래서 효율성도 극대화되었고 작업실도 깨끗했다. 그리고 또 다른 큰 차이점이 있었다. 우리는 작업을 착석식으로 하는 반면 일본은 입석식으로 하는 것이었다. 사실, 일본에는 착석에 대한 개념이 없었다.

착석은 생산 효율이 떨어질 뿐만 아니라, 안전에 문제가 많았다고 했다. 이에 반해, 입석식 작업은 비상시에 순발력 있게 능동적으로 대처가 가능하다고 했다. 그곳에 다녀온 후 분진에 대한 집진시스템을 바꾸면 직원들이 좋아하겠구나 하는 생각을 했다. 이후 시행착오를 겪으며 우리 공장에도 이러한 시스템을 도입했다. 적용 초기에는 수십 년을 해 온 작업 방법 변경에 많은 거부감이 있었다. 현장 순회 시 나에게 고의적으로 공구를 던지며 항의하는 경우도 많았다.

이 당시에는 워낙에 먼지가 많았기 때문에 연마하는 직원들은 목에 낀 불순물을 씻기 위해 돼지고기 비계를 일주일에 한 번씩 먹곤 했다. 실제로 먼지를 씻어내는 데 효과가 있는지는 잘 모르겠지만, 아무튼 우린 그런 방법으로 몸 내부의 먼지를 씻어내곤 했었다. 그런데 일본처럼 포터블 집진시스템으로 바꾼 뒤, 직원들이 좋아하기 시작했다. 나도 그 모습을 보면서 일하는 보람을 느꼈다. 그 다음부터는 일본에 가면 현장의 선진기술들을 많이 보고 와서 접목하고자 애썼고, 새로운 기술들을 도입했다. 특히 작업 표준서, 검사 기준서, 공정표 등 각종 표준화된 양식과 시스템 등을 적용할 수 있었다.

기술 향상을 위한 노력은 여기서 그치지 않았다. 현대자동차에서 미쯔비시자동차의 생산기술 전문가를 초청한 적이 있었는데, 협력업체인 우리 회사도 기술 지도를 받을 수 있었다. 그때 조언으로 들었던 말이 있다. "항상 서서 작업해라, 정밀한 작업에는 장갑을 끼고 작업하지 말라"는 것이었다.

당시 우리 공장에는 50대 이상의 프레스 기계마다 의자가 하나씩 있었다. 안전사고가 많이 일어났는데 그 원인 중 하나가 의자이기도 했다. 그래서 '의자를 치웁시다'라고 했다. 그랬더니 처음엔 현장 주부사원들의 반발이 심했다. 아무래도 서서 하는 일은 조금 더 힘이

들기 마련이었다. 주간에는 내가 공장에서 상황 체크를 했기 때문에 의자를 사용하는 일이 없었는데, 저녁만 되면 의자 또는 임시로 앉기 위한 박스들이 나타났다. 1년 동안 현장에서 의자를 없애기 위해 숨바꼭질을 계속할 수밖에 없었다.

현장을 바꿔 가기 위한 나의 노력은 다른 면에서도 계속되었다. 우리 회사 업종 자체가 일종의 철공소였기 때문에 있을 수밖에 없는 애로 사항이 있었다. 제품과 바닥에 묻어 있는 기름 등이 엄청났던 것이다. 안전화도 없던 시절이라 신발이 기름에 찌들어 오징어 비틀어지듯 비틀어졌기 때문에 1년에 몇 켤레씩을 버리곤 했다. 현장의 여러 가지 환경이 좋지 못했다. 특별한 외부 손님이 오신다고 하면 2~3일 전 또는 주말에는 생산 활동을 멈추고, 청소하고 페인트를 다시 칠하는 등 '쇼'를 했다. 이런 현상이 반복되는 것을 보며 평소에도 현장을 깨끗이 하는 활동을 해야겠다는 생각이 조금씩 들었다.

일본의 기술을 배워 실천하고 현장도 깨끗이 하고 작업환경도 개선하며 1986~1987년도까지는 이런 식의 회사 환경 업그레이드 활동을 반복적으로 해왔다. 이런 활동들은 회사가 날로 번창하는 계기가 되었다. 사장님은 여러모로 존경스러운 특성을 가지신 분이었다. 사장님의 경영 마인드가 '월급은 꼭 빌려서라도 준다'라는 생각이라 직원들 월급은 한 번도 밀리질 않으셨다. 사실, 이런 특성을 오너가 갖기는 쉽지 않다. 자신의 어려움과 위험 부담에도 '약속'과 '신의'를 지키겠다는 생각은 회사를 발전하게 하는 주된 이유라는 생각이 든다.

사장님의 이런 특성 때문이었을까? 입사할 때는 '3년만 있다가 나와야지' 했는데 35년을 다니면서 그 사장님이 회장님이 될 때까지 모시면서 정년을 맞게 된 것이다. 나는 회장님의 이러한 '신뢰 경영 마인드'가 회사를 더 많이 발전하고 튼튼하게 성장하도록 했다고 믿는다.

우리 회사는 1977년 8월에 설립되었다. 나는 초창기 1980년 10월에 입사를 하여 사업에 대한 집중과 선택으로 특히 자동차 사업에 전념했다. 결과적으로 일본 기술을 배우고 사업이 실패했던 경험, 그리고 일본어를 배울 수 있던 계기와 환경, 이 모든 것들이 회사와 나 자신을 결정적으로 성장하게 하는 밑거름이 되었다. 우리 회사는 일본의 선진기술을 배우게 되었고 그것을 접목시키며 주변 기업들에 비해 출발이 빨랐다. 그렇게 발전할 수 있는 계기를 만드는 데 눈을 뜨게 되었다.

내가 개인 사업에 실패하고 취업을 할 당시에는 목재가 대세였는데, 목재 회사에 다녔으면 지금의 내 모습이 가능했을까? 자동차 산업이 발전할 것이라는 사회적 개념이 나에게 좀 있었던 것 같다.

따라서 지금의 사회 초년생들도 직장을 구할 때 이런 미래에 대한 비전을 볼 필요가 있다. 지금 자기 발등에 있는 걸 보는 것이 아니라 10~20년 미래를 바라보는 안목을 가져야 하지 않을까 하는 생각이 든다. 어찌 보면 우리나라의 자동차 산업 발전에 우리 회사가 중추적인 역할을 했다고 해도 과언이 아니다. 그리고 그 회사의 오너 역할을 나 자신이 했다는 것 자체에 자부심과 긍지를 갖는다. 어쩌면 나름 보람 있는 삶을 살았다는 생각도 든다.

20대에 좋은 경험을 하고 시련을 겪었기 때문에 돌이켜보면 내 인생의 오만과 자만을 자제할 수 있었다. 어떻게 보면 국내 최초라는 타이틀은 나에게 기회가 왔기 때문이지 내가 잘 해서라고는 생각지 않는다. 그렇긴 해도, 열정과 지속적인 도전을 시도한 나 자신에게도 나름 박수를 쳐 주고픈 생각도 없지 않다.

열정이란 무엇일까? 목표가 있으면 추진력 있게 연속적으로 가 줘야 한다. 파도는 계속 온다. 한 번 왔던 파도는 과거의 파도다. 이 순간에 밀려오는 파도와 미래에 대한 파도에 대한 대응책을 계속 세우며 새로운 것들에 도전할 수 있어야 한다.

생각해 볼 질문

1. 극복하기 어려운 문제들이 발생했을 때 평정심을 유지하는 것이 중요한 이유는 무엇인가?

2. '문제나 난관은 곧 기회'라는 말에 동의하는가?

3. 문제를 보는 올바른 시각은 무엇인가?

실패할 때마다 우리는 성장한다

많은 사람들이 실패의 고통을 경험한다. 그러나 실망할 필요가 없다. 성공한 사람이나 높은 자리에 오른 사람들을 보면 밑바닥에서 정상의 위치까지 탄탄대로를 달린 사람은 아무도 없었다. 그들 모두 실패를 거듭했다. "다이아몬드는 고통을 겪으며 빛난다(Diamonds under Pressure)."

어렸을 때이건 성장해서이건, 우리는 의도치 않게 자신이 이루고 싶은 것들에 대해 이루지 못하는 실패를 거듭하며 살아간다. 성인이 되면 자신의 인생을 걸 정도의 아주 커다란 시도를 통해 더 큰 실패를 경험하기도 한다. 누군가에게 한 프러포즈, 사업을 하기 위한 투자… 어른들이 큰 실패감을 맛보는 이유는 그만큼 큰 시도를 하기 때문이다.

우리는 실패를 통해 아쉬움을 느낀다. 사실 아쉬움이라는 것은 더 많이 발전할 수 있는 가능성이다. 그만큼 자신에게 만족하지 않는다는 말이다. 우린 앞으로도 발전하기 위해 더 노력할 것이고 그 노력하는 동안 고통을 느끼게 될 것이다. 그것은 우리 모두가 '살아있기' 때문이다. 모두는 고통을 통해 배우고 단련될 것이다.

'사랑을 하고 나면 철이 든다'는 말이 있다. 시련의 아픔, 서로 알아가는 마음의 무게감을 통해서 고통을 느낀다. 하지만 그 시간이 지나면 어른이 된 것 같은 기분이 든다. 유대인으로서 자신의 기록을 알렸던 『안네의 일기』를 보면 자신이 사랑하는 사람, 즉 남자친구와의 일들을 통해서 스스로가 '며칠 사이 어른이 된 것 같았다'고 하는 표현이 있다. 사람이 고통을 느끼는 건 성장하고 있고 살아있다는 표시다.

삶이란 끊임없이 문제가 제기되는 고통의 연속이다. 아울러, 삶은 고통과 함께 기쁨으로 가득 차 있다. 실패를 경험할 때마다 성공 노하우가 쌓인다. 실패는 아무것도 성취 못했음을 의미하는 것이 아니다. 무언가 새롭게 배웠음을 의미하는 것이다. 실패는 틀렸음을 의미하는 것도 아니다. 다음에는 다른 방법으로 해야 할 것을 암시할 뿐이다. 실패는 포기해야 한다는 것을 의미하지 않는다. 다만 더 열심히 해야 한다는 것을 의미할 뿐이다. 실패는 낭비했다는 것을 의미하지 않는다. 다만 다시 출발해야 할 좋은 이유를 갖고 있음을 의미할 뿐이다.

실패를 딛고 성공을 향해 나아가는 사람들은 실패를 통해 지혜를

익숙한 혁신

배우려는 능력과 거절당했을 때 물러서지 않는 용기를 발휘한다. 앞에 펼쳐진 장애물을 도전의 대상으로 보고 자신 있게 도전한다. 성공한 사람들도 다른 사람들처럼 낙담하고 의기소침해지기도 한다. 하지만 그들은 그 감정에 매몰되지 않고 곧바로 일어나 다시 시작한다.

"고통이 없으면 얻는 것도 없다"라는 평범한 속담이 있다. 이 속담에는 무시하면 안 될 진실이 감춰져 있다. 노력의 대가로 주어지는 '보상'은 그 '노력의 양'에 달려 있다. 원하는 삶을 쟁취하지 못하는 것은, 능력이 부족해서가 아니라 너무 일찍 포기하기 때문이다. 꿈을 성취한 사람들은 집중적인 노력만이 결실을 맺는다는 사실을 잘 안다.

'자기계발'은 끊임없는 트레이닝이 필요하며 보다 성숙한 모습으로 성장하기 위한 노력을 기울였을 때, '성공'이란 보너스가 우리에게 주어지게 될 것이다. 결국 실패는 더 나은 성공을 만들기 위한 또 다른 한 걸음이라 할 수 있다. 노력의 가치는 오랫동안 그 빛을 발할 것이다.

생각해 볼 질문

1. 인생에 있어 실패라고 할 수 있는 어떤 경험들을 해 보았는가?

2. 실패라는 경험 속에서도 낙담하지 않을 수 있는 어떤 방법들이 있다고 생각하는가?

3. 실패를 '마지막'이라고 생각할 필요가 없는 이유는 무엇인가?

스스로를 혼란스럽게 하는
요소들은 언제나 있다

앞서 언급했던 대로 80년대 중반 소기업에서 중소기업으로 성장을 해가려고 하던 시점에 주방기구와 농기구사업에 치중했던 적이 있었다. 그런데, 장비들을 점점 자동차 부품 쪽으로 집중과 선택을 하게 되면서 새롭게 장비를 도입해야 하는 시점이 됐다. 사실 그 장비를 구할 수 있는 브랜드가 회사 가까이에 있었다.

당시, 내가 그 장비를 선택해야 하는 생산 담당 대리였는데 장비 업체 영업사원이 집으로 찾아와 도시락 같은 것을 건넸다. 놀랍게도 도시락 안에는 현금이 들어 있었다. 내가 결혼할 때 쓴 것과 같은 금액의 돈이었다. 다음날 출근을 해서 그 돈을 돌려주고 대신에 장비 가격을 다운시켜 달라고 했다. 그 이후 그 업체 사장이 우리 사장님을 뵙고자 했다. 지금 생각하면, 매사 정직함으로 업무에 임하려고 하길 잘했다는 생각이 든다.

그 이후 사장님께서 나에게 일본을 다녀오라는 지시를 하셨다. 장비 업체 사장과 함께 일본을 방문했다. 업체 사장은 일어를 잘하는 사람이었다. 열흘 동안 우리는 일본말만 사용했고 일본에 있는 다양한 프레스 업체를 다니며 앞선 일본 기술을 접하게 되었다. 그때 당시 프레스 메이커 사장과 일본을 돌아본 계기를 통해 '일본의 선진 기술이라는 것이 이 정도이구나' 하는 것을 제대로 알게 되었다. 그것을 계기로 우리가 어떻게 하면 일본을 따라잡을 수 있을까 하는 것에 대해 관심을 갖고 눈을 뜨게 되었다.

그 무렵 민주화 바람이 불며 우리 회사에도 노조가 갑자기 설립되었다. 어느 날 노조의 많은 요구사항이 적힌 유인물이 내 책상 위에 놓여 있었다. 당시는 일하기 바빴지 노조를 어떻게 관리해야겠다는 생각은 전혀 할 수 없을 때였다. 당시 주변 회사들도 혼돈스러운 상황이었다. 소낙비도 피해 가라고, 둘이 마주하게 되면 앞으로 곤란한 상황이 생기겠다는 생각이 들었다. 그래서 위기를 미연에 방지하고자 고민을 하게 되었다.

일단 숨 고르기 할 시간이 필요했다. 나는 출근을 하지 않고 집에 있으면서 어떻게 하면 이 위기를 수습할까 고민을 했다. 호랑이를 잡으려면 호랑이 굴로 들어가야 하듯, 그때 당시 노총 사무실을 찾아가 꿇어 앉아 부탁을 했다. "나는 생산 책임자인데 날 좀 도와 달라"고 이야기를 하게 되었다.

노조는 인정하겠지만 현 시점은 곤란하다, 어떻게 하면 건전한 노조가 만들어질 수 있는가, 같은 얘기를 했다. 그곳에서 많은 조언을 받았다. 이것이 이후 한 번도 분쟁을 일으키지 않고 노사 상생문화를 만들어가는 출발점이 된 것 같다. 노조라는 게 없을 때 안전이나 품질에 대해서는 호되게 문책을 가했었는데, 인간적인 부분에 대해서 한 번 생각하게 되었다. 그 결과로 노사 문화 대상을 수상한 적도 있다.

또한 80년대 초 사내에 식당을 만들게 되면서 직원들이 구내식당에서 식사를 하게 되었다. 하지만, 테이블 수도 적고 열악하여 교대로 식사를 해야만 했다. 그런데 이상하게도 관리사원 자리, 현장사원 자리가 구분되어 식사가 이루어지는 것이었다. 사원들은 식탁 테이블 커버 컬러로 자리를 구분하고 있었는데, 나는 그건 절대 있을 수 없는 일이라며 과감하게 구분을 없애라고 요구했다.

한 번은 이런 일도 있었다. 서부경남 구석구석 안 가본 곳이 없다. 당시에는 병원에서 돌아가셔도 병원이나 전문 장례식장에서 장례를 치르지 않고 시골 본가에 들어가 상을 치르는 것이 관례였다. 그래서 늦게 일을 마치고 나서 길흉사에 빠지지 않고 다닌다는 건 쉬운 일이 아니었다. 더구나 나는 많은 사람들을 챙겨야 하는 회사의 중역이었으니 직원들이 가족의 상을 치르는 일에 관심을 가지려면 많은 노력이 필요했다.

한 번은 어느 직원의 부친이 돌아가셔서 밤늦게 업무를 마치고 문상을 가게 되었다. 당시는 내비게이션이 있는 때도 아니었기에 컴컴한 시골길을 제대로 알아서 가기가 쉽지가 않았다. 근방 구멍가게에서 근처에 초상난 집이 어딘지 물어봤는데 "저 앞"이라고 얘기를 해줬다. 가다가 초행길에 비도 많이 온 상태에서 차가 농수로에 빠지고 말았다.

비를 쫄딱 맞으며 조문객들과 경운기로 겨우 견인을 해서 문상을 하고 돌아온 기억이 난다. 직접 위로하고 격려를 하며 사원들의 집안 행사가 있을 때마다 빠지지 않는다는 이미지를 가지려고 노력했고, 이를 통해 진실한 대화와 소통을 하고자 했다.

크고 작은 일들이 있을 때마다 혼란을 느낄 수 있는 상황이었지만, 나는 정도를 지키며 함께 일하는 사원을 진심으로 감싸기 위해 많은 노력을 기울였다. 그리고 이런 노력은 회사의 능률 향상과 발전에 순기능으로 작용했다.

생각해 볼 질문 ....

1. 마음을 혼란스럽게 하는 일들이 생겼을 때, 마음을 다잡는 자신만의 방법이 있는가?

2. 지금 이 순간 스스로를 가장 혼란스럽고 힘들게 하는 것은 무엇인가?

3. 마음 안의 평화스럽지 못한 상태에 대해서도 긍정적인 요소를 찾을 수 있는가?

동기부여를 위해서는
자신만의 시간이 필요하다

동기부여는 하나의 연료라고 할 수 있다. 연료인 동시에 어떤 일을 시작하게 하는 불꽃이라고도 할 수 있다. 일을 해야겠다고 하는 강한 동기를 가져야 시작할 수가 있다. 그런 의미에서 동기를 가지는 것은 매우 중요하다.

한 가지 예가 있다. 한 야구팀이 6:0으로 지고 있었다. 아웃 카운트 하나만 더 하면 완전히 지는 9회 말 투 아웃 상황이었다. 결국 쓰리 아웃으로 상황이 종료되었다. 그런데 게임 종료를 앞두고 마지막 심판 과정에 있어 석연찮은 판정이 있었다. 지고 있던 팀 감독은 물병을 던지면서 항의를 했다. 감독은 강제 퇴장을 선언받았고 판정 결과는 뒤집어져서 다시 9회 말 투 아웃 상황으로 돌아갔다. 감독이 퇴장당하는 광경을 보고 있던 팀 선수들은 내면의 심한 동요를 느꼈다. 그리고 그것이 동기가 되어서 아웃 카운트를 하나 남긴 상황에서 내리 7점을 따냈다. 결국 지고 있던 팀은 승리를 얻었다.

익숙한 혁신

인생도 이와 같다. 뭔가 계기가 되어서 할 수 있다고 생각하면 그때부터 자신감이 생긴다. 간혹 우리는 나쁜 일이 벌어지면 계속 뭔가가 꼬이는 것 같아 불안감을 느끼곤 한다. 그리고 나쁜 결과가 있을 거라는 생각에 빠져 자신감을 잃기도 한다. 그러므로 나머지 일이 안 되는 건 어쩌면 당연한 일인지도 모른다. 좋을 때처럼 나쁠 때도 동기부여가 있어야 한다. 극적인 상황이 있을 수 있기 때문이다. 좋을 때나 나쁠 때나 동기 부여를 어떻게 할 수 있느냐가 중요한 것이다.

그럼 어떻게 동기를 자신의 마음 가운데 심을 수 있을까? 우리가 매 끼를 챙겨먹듯이 마음 가운데 규칙적으로 동기를 부여해 주면 된다. 그렇게 해야만 인생을 최고로 즐길 수 있다. 어쩌면 여기에는 스마트폰 알람이 필요할 수도 있다. 한 시간 단위나 두 시간 단위로 자신이 진행하는 일이 잘 될 수 있다고 생각하는 것이다. 인위적으로 그런 계기를 마련해 줄 수 있어야 한다는 것이다.

자신이 하고 있는 일, 하고 싶은 일, 자신의 상황, 모든 것이 잘 될 수 있다는 생각을 식사하는 것처럼 정기적으로 챙기는 것이다. 이렇게 하다 보면 자연스럽게 지속적으로 동기부여를 할 수 있다. 그것은 또 다른 활력이 되어서 나의 내면에 새로운 계기를 마련해 줄 것이다. 동기부여가 왜 안 되는지를 생각할 필요는 없다. 늘 동기부여가 되고 동기부여에 대한 보상이 될 테니까 말이다.

어려운 상황에 처했을 때 좋은 상황이든, 나쁜 상황이든 동기부여를 할 수 있는데 이겨내려는 동기가 중요하다. 그렇게 해야만 다음 순간 큰 영향을 미친다. 따라서 동기부여의 시간을 따로 마련해서 시도해 보는 것이 유익하다. 이렇게 하면 우리의 삶은 조금 더 즐겁고 조금 더 단단하게 바뀌어 나갈 수 있을 것이다.

생각해 볼 질문

1. 스스로를 위해서 자신만의 시간을 갖는 것이 유익한 이유는 무엇인가?

2. 나는 하루 일과 중 사색의 공간을 위해 시간을 따로 떼어 놓고 있는가?

3. 우리 자신을 정갈하고 의미 있는 사람이 되도록 하는 데 있어 '자신만의 시간'이 어떤 역할을 한다고 생각하는가?

예정된 리스크에 과감하게 맞서라

이제 와 하는 이야기지만, 꽤 오랫동안 우리 공장은 자가 공장이 아니라 임대 공장이었다. 우리 회사의 발주처였던 현대자동차에서 1년에 100만 대 생산이 가능하도록 생산 규모를 키워 줄 것을 주문했다. 국내에서 가장 큰 자동차 회사의 자동차 골격을 만들고 있었던 우리 회사는 이 소식을 듣고 비상이 걸렸다. 당시 울산에서도 차량을 50만 대 정도 생산하는 상황이었다.

물류 운송비, 장비, 인력 등의 문제가 있었기 때문에 우리 회사는 울산 근처로 공장을 옮기지 않으면 안 되는 상황이었다. 결국 새로운 신설 공장 준비를 시작했다. 생산 공장을 정관이라는 곳에 짓게 됐는데, 처음으로 자가 공장에 들어간다는 생각만으로도 신이 났다.

신공장 건설 중에는 오전에 기존 공장에서 근무하고, 오후에는 새로 짓는 공장에 가서 업무를 보는 방식으로 근무를 했다. 어쨌건 개인적으로는 매우 즐거운 마음이었다. 문제는 고객사가 원하는 요구

익숙한 혁신

량에 대응할 수 있는 규모를 만드는 것이었기에 위험성이 있다는 거였다. 주문이 오기 전에 먼저 투자를 해야 하는 것이기 때문에 사실은 '선투자'이자 '과투자' 상황이었다. 기업으로서는 리스크가 많이 생길 수밖에 없었다.

공장 증축으로 투자가 많아지면서 위기는 일순간 찾아왔다. 거기에, 당시 민주화 바람이 불면서 현대자동차에 노사 분쟁이 일어나 계속 파업을 했다. 우리 회사가 제대로 돌아가려면 현대 자동차가 잘 돌아가야 하는데 악재가 겹치고 있었던 것이다. 그 여파로 우리가 1년 중 생산활동을 한 건 10개월이 안되었다. 자동차 협력사로서는 굉장히 큰 리스크를 입었다.

어떻게 하면 이 위기를 이겨낼 수 있을까? 나는 회계 전문가도 아니었지만 왜 내가 하는 일이 적자가 날까 하는 생각에 부서별로 가장 우수한 사원들을 차출했다. 그들과 여관방에서 3일간 합숙을 하며 10원짜리 지출내용까지 다 오픈을 했다. 그리고 계정 항목별로 관련 내용들을 분류하는 작업을 실시했다.

지금은 전산화가 다 되었지만 그 당시는 수기로 모든 걸 해결하던 시절이었다. 수기에 의존해서 있을 수 있는 모든 상황을 고려해 회사의 모든 일들을 기획해 내기 시작했다. 예를 들어 출장을 위해 10시까지 서울을 가야 한다면… 가는 방법, 출발하는 시간, 가는 도중 사고나 불상사가 있을 것을 대비해 확인을 하는 방식으로 치밀하게 관런 상황들을 확인할 수 있어야 하는 것이다.

회사의 매출과 관련해서도 매우 꼼꼼하게 계획을 세웠다. 계획을 한 번 세우면 나는 '처음 계획대로만 하면 된다'라는 생각을 갖고 있었다. 당시에는 이런 꼼꼼한 수기 방법이 아주 획기적인 관리 방법이라고 생각했다. 전 종업원이 공유하면서 어떻게 하면 이익이 나고 적자가 날 수 있는지를 생각했다. 그런 방법으로 어떻게 비용절감을 할 것인지를 생각하게 되었다. 많은 시행착오가 있었지만, 우리만의 관리 틀을 만들며 대응을 해 나갔다.

그럼에도 어느 날 중역 회의가 있을 때 '왜 비용절감을 안 하냐'는 호통을 사장님께 받곤 했다. 나는 나름대로 노력했는데 말이다. 회의실에는 당시에 전화기가 4~5대 있었는데 그걸 바라보며 사장님께 항의하듯 말했다. '날 보고만 추궁하지 마시고 사장님 회의실에 있는 전화기라도 좀 줄여 주십시오'라고 말이다.

사실, 사장님 회의실에 전화는 필요한 것이었다. 지금은 회장님이 되신 당시 사장님은 그런 당돌한 항의를 문제 삼지 않으시고 눈감아 주셨다. 사실, 오너의 입장에서 보면 그런 항의 자체가 기분 나쁘게 여겨질 수 있었다. 아무리 합리적인 것이었다고 하더라도 말이다. 하지만, 회장님은 나에게 부드러운 리더십이 무엇인지를 알게 하셨다. 내부적으로는 회사 업무적으로 필수적인 차량 이외에는 전부 매각을 하면서 비용절감에 힘썼다. 너무나 절박한 상황 속에서 비용 절감에 신경을 썼던 시점에 당시 다른 사원들로부터 눈총을 받을 제안도 많이 했다. 아무리 회사가 어려워도 살아남아야 한다는 생각이었기에 그런 제안들을 할 수밖에 없었다.

당시에는 현대 자동차 울산 공장에서 생산하는 차종이 두세 개밖에 없었는데 현대에서 판매량을 100만 대로 늘리는 정책을 실시했다. 그러다 보니, 개발 부품의 다양화가 필수적이었다. 스테인리스에 도금을 한다든지, 철판을 스테인리스로 바꾼다든지, 스테인리스 몰딩에 글자를 새겨 넣는다든지 하는 내용 자체가 다양하게 나타나기 시작했다.

하지만 이런 면에 경험이 많지 않았다. 현대에서 신차종 개발에 들어가면서 우리로서는 너무 힘든 과정을 겪었다. 당시 현대자동차는 '품질이 살길이다'라고 하며 품질을 강화하는 시기였고, 일본 기술을 모방하는 수준에서 독자적인 기술 개발을 많이 해야 하는 단계로 접어들었다. 생산량이 100만 대로 증량되면서 일본에서도 견제를 하기 시작했다.

우리가 겪은 어려움으로, 소나타 몰딩에 대한 애환이 있었다. 그 큰 제품에 연마와 광택을 하고 도금까지 해서 납품을 하려면 하루에 10대 납품하기도 힘들었다. 그러다가 불량 처리를 하나 받으면 전체에 10% 불량이 생기는 셈이었다. 그런 때는 너무 안타까웠다. 담당자에게 어떻게든 한 개라도 더 오케이를 받으려고 땅바닥에 무릎을

뚫고 수입 검사 사인을 받아내곤 했다.

　신기술이나 신공법, 신장비를 적용한다는 것은 경험을 해보지 않은 사람들은 좀처럼 이해하기 어려울 것이다. 제품에 대한 신뢰성, 신장비에 대한 완벽한 가동과 그것을 관리하는 사람들의 적극적인 자세 등이 있어야 했다. 하지만 그것이 내 맘대로 움직여질 수 있을까 하는 생각에 나는 항상 불안했다.

　처음엔 완제품 재고를 어느 정도 확보해 두는 것으로 비가동에 대비를 했다. 일종의 '안심재고'였다. 그것은 신경 안정제 역할을 했다. 안심재고가 있으면 신경을 좀 덜 써도 되었다. 고장이 나도 괜찮았고 불량이 나도 항상 대처할 여지가 있게 되는 것이었다.

　하지만 이건 겉으로는 문제가 나타나지 않지만 속으로 곪게 만드는 방법이었다. '안심재고'라는 말은 회사의 구성원들이 마음 놓고 재고를 만들어도 된다는 생각을 은연중에 하도록 하기 때문이다. 최소한의 재고를 가지고 최대한의 효율을 낼 수 있도록 하는 것이 가장 좋은 회사 경영이었다. 불량률도 줄이고 장비 가동률도 높일 수 있어야 했다. 나는 이 부분에 자존심을 걸고 관리를 했다. 사실, 양이 늘어나고 장비가 많아짐에 따라 생산관리에도 문제가 많이 발생했다.

생각해 볼 질문

1. 리스크를 염두에 두고 미리 계획하는 것이 중요한 이유는 무엇인가?

2. 리스크가 발생했을 때, 가장 먼저 해야 할 일은 무엇이라고 생각하는가?

3. 인생 가운데 리스크를 발생하게 하는 가장 큰 요소 몇 가지는 무엇이라고 생각하는가?

새지 않도록 하는 것이
발전의 기본이다

1980년대 중반에는 소형 프레스 50여 대를 가동하고 있었다. 나는 프레스 담당자를 '공정 책임자'라고 명했다. 그 공정 책임자들이 작업 일보를 확인해 보면 실제 생산된 완제품 숫자가 맞지 않았다. 그걸 어떻게 맞출 방법이 없을까 고민을 했다.

아이디어를 냈다. 중고 흑백 TV 모니터와 삐삐 전화기 선을 사서 프레스 50대에 하나씩 연결한 뒤, 프레스가 움직이면 모니터 화면에 불이 한 번 깜빡 하도록 만든 것이다. 내 책상에서 봤을 때 불이 깜빡거리지 않으면 장비가 안 돌아가는 것이므로 곧장 현장으로 달려 나가 확인도 하고 나중에는 숫자가 카운트 되도록 개발하기도 했다. 그게 지금 성우에서 쓰고 있는 POP시스템의 시초가 된 것으로 본다.

주간에는 관리자들이 많아서 그런지 오차가 크지 않았지만 야간 생산량은 오차가 심했다. 야간에는 생산량도 적고 상대적으로 불량이 많았다. 밤에는 장비가 고장이 났다거나, 불량이 났다는 핑계를 대며 가동률이 떨어지거나 생산을 적게 해도 책임 추궁을 하지 못했다. 이래서는 안 되겠다는 생각에 관리자들이 야간에 들어가서 관리를 하게 했다. 그렇게 1980년대 초반부터 24시간 풀가동하는 시스템을 갖추게 되었다. 야간에는 집중을 하고 일만 하기 때문에 더 가동률이 올라갈 수 있었다. 그러면서 생산성을 10% 이상 끌어 올렸다.

나는 개인적으로 학력 좋고 머리 좋고 실력 있는 사람들이 입으로는 말을 잘 해도 실행을 잘 하지 않는 모습을 보면 때로는 안타까운 생각이 많이 들곤 한다. 이런 친구들은 뭔가 설명을 할 때, '안 되는 이유'에 대해 말을 잘한다. 그때의 나는 말도 잘 할 줄 몰랐고 현장에서 몸으로 부딪치는 일을 우선으로 하는 사람이었다.

공장 이전하면서 이런 일도 있었다. 옛말에 '부뚜막에 있는 소금도 집어넣어야 짜다'라는 말과 '서 말의 구슬도 꿰어야 보배다'라는 말이 있다. 이런 말을 실감하게 하는 일이었다.

신공장을 지으면서 살펴보니까, 땅은 3,300평 정도 되었는데 필요했던 시설 부지에 비하면 너무 좁았다. 이 땅을 어떻게 유효적절하게 쓸 수 있을지가 관건이었다. 고민이 많이 되었다. 고심 끝에, 운동장에 지하 창고를 넣자고 제안을 하였다. 그런데 아무도 귀담아 듣지 않았다.

한 달이 지나도 대답이 없고 두 달이 지나도 말이 없어 걱정이 쌓여가고 있었다. 어느 날 회의석상에서 사장님께 이런 얘기를 했다. "제가 지난밤에 꿈을 꾸었는데, 그 꿈 이야기를 해도 되겠습니까? 우리 회사 운동장 지하에 완제품 창고를 두고, 창고에 대한 기본 개념 선입/선출, 눈으로 보는 재고관리를 꾸며 보는 꿈이었습니다"라고 하였다. 분위기가 싸늘해지고 모두가 사장님 입만 쳐다보고 있는 상황이 되었다.

아무에게도 제안이 받아들여지지 않자, 회의 시간을 이용하여 사장님 앞에서 제대로 이야기를 한 것이다. 사장님의 입에서 괜찮은 아이디어인데 검토 한 번 해 보라는 말이 나왔다. 그러자 내 아이디어를 받아들이지 않았던 주위 분들도 '예전에 그런 생각을 해왔다' 하는 식으로 말을 하는 것이었다. 다리 걸치기 식의 그런 말들을 들으니 좀 실망스러웠다. 윗사람의 눈치나 보고 비위나 맞추겠다는 분위기에 씁쓸함이 느껴졌다.

어쨌든 그렇게 지하 창고를 만들어 재고 관리를 하게 되었다. 이후, 월 매출 67억 원의 매출을 달성할 정도로 단위 면적당 생산성이 굉장히 높았다. 나중에 현대자동차 사장님이 우리 회사를 다녀가신 적이 있었다. 그 뒤로 그 분은 '공장이 협소해서 생산을 못한다, 생산 규모가 모자라 100만 대 생산을 못 따라 간다' 하는 현대 협력 회사들이 많았는데, 그럴 때마다 '성우에 가 봐라, 어떻게 땅을 활용하는지' 하는 말을 하곤 하셨다. 우수 사례가 되어 많은 회사가 우리 회

익숙한 혁신

사에 견학을 오곤 했다

　돌이켜 보면 새는 곳을 막고, 미리 자원을 확보하고, 미래를 준비한 것이 우리 회사가 살아남게 된 근본 원인이었다. 비단 이것은 기업에만 적용되지 않을 것이다. 우리의 모든 삶이 그렇다.

생각해 볼 질문 ....

1. 미래를 위해서 지금 이 순간 자신에게 가장 필요한 것은 무엇이라고 생각하는가?

2. 스스로의 에너지를 낭비하게 하는 주된 리스크 요인은 무엇이라고 생각하는가?

3. 미래를 위해 현재에 충실해야 할 필요가 있는 이유는 무엇인가?

철저한 대비가 미래를 만들어 낸다

우리 회사의 경우 갑과 을의 관계, 즉 우리의 모기업인 고객사에게 공급을 하는 책임 관계나 원청업체인 완성품 메이커로서의 상하 관계가 외국기업에 비해 잘 되어 있는 편이다. 좀 리스크를 안고 가더라도 공급하는 데 지장이 없고 시스템을 잘 갖춰 놓으면 모기업에서 더 일을 많이 줄 거라는 기대와 확신이 있었다. 공장을 잘 관리하면 원청업체에서 잘 도와줄 거라는 기대와 희망이 있었기 때문에 지금껏 잘 버텨 올 수 있었다.

언급했던 대로, 1997년도부터는 10년 만에 본사 공장(자가 공장)을 갖게 되었다. 나 역시 한 명의 사원이었지만 셋방살이 서러움에서 벗어난 마음으로 뿌듯한 느낌이 들었다. 낮에는 기존 공장에서 일하고 밤에는 신축 공장에서 장비가 제대로 작동하는지 확인을 했다.

신축 공장을 지으며 든 생각이 있다. 기존 공장에는 사람 속에 장비가 있었지만 앞으로는 기계 속에 사람이 있어야 한다는 것이었다.

언뜻 들으면 무슨 말인지 잘 이해가 가지 않을 것이다.

자동화·무인화·소인화를 시켜 한 사람이 장비 2~3대를 컨트롤할 수 있어야 한다는 의미이다. 직원들에게 나의 이런 생각들을 강조하며 자동화·무인화·로봇화를 이루기 위해 많은 노력을 했다. 로봇이 처음으로 들어오게 되었고, 자동화를 구축을 했으며, 공정 책임자들이 힘이 아닌 머리로, 기능이 아닌 기술로 일할 수 있도록 하기 위해 심혈을 기울였다.

공장 이전을 한 후 생산량이 늘어나면서 많은 공정 책임자를 뽑았다. 그러던 중 회사에 '위장 취업자'가 입사했다. 대학에서 학생운동을 하다가 제적된 청년들인데 한 사람은 북한 찬양을 하다가 제적이 된 경력으로 미루어, 우리 회사에서 노동운동을 하겠다는 생각에서 입사를 한 것 같았다. 그들을 설득하는 데 많은 어려움이 있었다.

나는 모든 일들이 신의에 근거를 두어야 한다고 생각했다. 두 사람 중 한 사람은 설득이 가능할 것 같았다. 그 당시 모두가 반대했지만 많은 대화를 나눴다. 그 결과 그 사원은 지금 총무팀 간부사원으로 잘 근무하고 있다. 어느 누구도 안 된다고 했던 사원이었는데 인간적으로 달래고 설득을 했다. 지금은 노무담당을 하는 관리자가 되었는데, 열심히 일하는 모습을 보면 가슴이 뿌듯하다.

공장을 그렇게 옮기면서 우린 옮겨간 지역의 지역민을 많이 채용했다. 사실, 그렇게 하는 게 좋은 점만 있는 건 아니었다. 지역민을 많이 쓰게 되면서 이전에는 생각지도 못했던 애로 사항이 발생하였다. 지역민은 마을 지역에서의 고향 선후배 관계, 집안 관계, 혈연 관계가 얽혀 있었기 때문에 회사의 위계질서를 잘 지키지 않았던 것이다. 생산관리, 노무관리에 있어 힘든 일들이 생겼다. 예를 들면, 연장근무를 하라고 해도 작업반장의 말은 듣지 않고 그 마을 제일 선배의 말 한마디로 전부 다 퇴근해 버리는 식이 되었던 것이다. 그런 이유로, 정상적인 회사 지휘 체계가 무너져 버렸다.

　중요한 것은 미래를 위해서 모두가 철저한 준비를 할 필요가 있다는 것이다. 물론, 미래는 보이지 않는다. 보이지 않으니 당연히 알 수도 없다고 생각하기 쉽다. 그러나 운명은 언제나 준비하는 자에게 희망과 만족의 미소를 보낸다. 미래를 염두에 둔 준비야말로 모든 일에 있어 으뜸이다.

생각해 볼 질문

1. 앞으로 나에게 일어날 수 있는 위험 요소는 무엇인가?

2. '대비'와 '준비'는 어떤 차이가 있을까?

3. 앞으로의 만족스런 희망을 위해 지금 내가 하고 있는 일은 무엇인가?

시작은 그리
중요하지 않을 수도 있다

사람에게 '시작'은 중요한 문제다. 삶이 어디서 어떻게 시작하는지에 따라서 인생은 달라진다. 좋은 환경과 훌륭한 부모, 친구들에게 좋은 영향을 받는다면 좋은 가치관에 틀 잡힌 인성으로 훌륭한 사람이 될 수도 있고 그 반대의 경우 그렇지 못할 수도 있다.

시작은 모든 사람에게 중요하다. 하지만 여기서 유의해야 하는 점이 있다. 미국의 할렘가나 우울한 집안 환경 혹은 재정적으로 어려운 가정환경에서 태어난 사람 중 훌륭한 사람이 없었던 것은 아니라는 점이다. 시작도 중요하지만 그보다 더 중요한 것은 어떻게 끝내느냐이다. 인생을 돌아봤을 때 인생의 마지막이라고 생각되는 바로 그 순간에 나 자신이 어떤 모양으로 있고 싶은지 고려하는 건 중요한 문제라고 생각한다.

많은 사람들이 과거의 불행한 경험 때문에 트라우마가 생기기도 하고 그걸로 인해서 인생의 큰 영향을 받기도 한다. 여기서 중요한 건 불행한 경험의 '유무'가 아니다. 어렸을 때 겪었던 불행한 경험이나 좋지 않은 환경적인 요소를 각자가 어떻게 '받아들였는지'와 관련된 태도이다.

전 세계적으로 리더 300명을 분석한 자료가 있다. 그 중에는 마틴 루터 킹 목사, 테레사 수녀, 헬렌 켈러, 마하트마 간디, 프랭클린 루스벨트 대통령, 이런 사람들이 포함되어 있다. 그 300명 가운데 25%의 사람들이 심한 심리적 장애를 겪었다. 그리고 그 사람들 중의 절반은 어렸을 때 아주 가난한 가정에서 성장하거나 학대받는 가정에서 태어났다.

중요한 건, 그들이 자신에게 있었던 그 상황들에 대해서 그것을 어떻게 받아들였느냐가 미래를 결정했다는 사실이다. '어떤 시작을 했느냐'도 대단히 중요하지만 그것을 '어떻게 받아들였느냐'가 더 중요하다는 것이다. 결국 그렇게 해서 만들어진, 인생의 마지막이라고 할 수 있는 종착지는 출발지보다 훨씬 더 중요했다.

어떤 일이 생겼을 때 거기에 대해서 나는 어떤 반응을 보이는지 생각해볼 필요가 있다. 시련이나 고통을 어떻게 받아들이는지가 성공한 사람들에게 중요한 요소였다. 다시 말해, 나에게 무슨 일이 있었는지가 아니라 그것을 어떻게 컨트롤하느냐가 중요한 문제라는 것이다. 그것이 인생에 있어서 또 다른 변화를 가져다 주는 열쇠이다.

익숙한 혁신

어렸을 때의 시작점이 인생의 마지막 시점을 결정지을 수는 없다. 어떤 가치관과 사고방식을 갖을지는 그 이후에 정하는 문제다. 인생의 마지막은 내 삶이 무르익어서 어느 정도 성장하고 죽음이라는 것을 알 수 있는 순간이다. 그때를 미리 짐작해 보는 것도 도움이 될 수 있다. 내가 스스로의 삶을 어떻게 받아들이는지에 따라서 나의 마지막은 반드시 달라진다. 삶에 대한 책임감이 더 생길 것이고 삶을 받아들이는 태도와 살아가는 방식이 달라질 것이다.

시작의 모양은 그다지 중요하지 않다. 시작 이후에 찾아오는 삶의 모양이 어떠한가? 그것을 어떻게 받아들이는가? 그것을 어떻게 마무리하는가? 이것은 우리가 앞으로 겪고 있고 앞으로 만나야 하는 일들이다. 미리 생각하고 짐작하는 것만으로도 우리의 삶은 많은 부분 달라질 수 있다.

생각해 볼 질문 ....

1. 좋은 시작보다 더 중요한 것은 무엇인가?

2. 자신의 시작보다 마무리를 빛나게 하기 위해 어떤 노력들을 해 보았는가?

3. 우리가 의미를 두고 있는 진정한 삶의 모습은 무엇인가?

Part 2

나와 주변을
모두 발전하게 하는
혁신 마인드

사람에게 있는 본연의
나태함을 인정하라

새로 입사한 직원들을 살펴보면, 안전사고나 돌발적인 상황들이 생기는 사이클이 따로 존재한다는 걸 알게 된다. 주로 입사자들이 3일, 3개월, 3년 정도 될 때 그런 사고들이 잘 일어난다. 그렇게 만들어진 단어가 바로 '삼삼삼'이다. 입사하고 3일쯤 되면 긴장을 조금 놓게 되고 월요일 오후 2~3시쯤 사고가 난다. 또 3개월 지나면 임시직에서 정식사원이 될 때이므로 기분이 업되어서 촐랑거리는 사원들이 생긴다. 3년이 되면 긴장을 늦추는 사원들이 분명 생긴다. 이 무렵 사고가 일어나게 되기가 쉽다.

학교 다닐 때도 중학교 3학년, 고등학교 3학년은 자기가 최고로 잘 났다고 생각하기 마련이다. 이렇듯 자신이 최고인 것처럼 가볍게 생각하다가 사고가 난다. 그래서 나는 직원들에게 '삼삼삼'을 조심하라고 했다. 사고가 나서 분석을 해 보면 안전하다고 생각하고 문제가 안 날 것이라는 생각으로 간과한 부분에서 항상 사고가 나곤 했다.

사실, 최악의 조건, 상상이 안 되는 부분까지도 예방 차원에서 안전장치를 해 놓아야 할 필요가 있다. 그렇지 않으면 사고라는 것은 언제 어디서나 항상 일어날 수 있다. 안전사고가 생겨 병원에 찾아가면 나 같은 책임자들은 보호자들에게 뺨도 맞고 발길질로 차이고 하면서 시련을 겪게 된다. 사고가 나면 책임자나 관리자가 큰 죄를 지은 죄인 취급당하는 경우가 빈번하다.

심지어 사망 사고가 나서 상여를 메고 들어오겠다면서 "회사가 책임져라! 관리자 네가 잘못했으니 그런 거 아니냐!"라는 질책을 받기도 했다. 안전사고 나기 전에 안전모를 그렇게 쓰라고 해도 '보면' 쓰고 '안 보면' 내팽개치는 태도 때문에 그런 일이 더욱 안타깝기도 했다.

회사 생산을 맡지 않았다면 그런 고통이 없었겠지만, 생산 책임자는 항상 사고가 나면 1차로 문책을 당했다. '관리 좀 잘하면 좋을 텐데 왜 맨날 사고가 나느냐' 하는 소릴 들으며 눈치도 많이 보게 되었다. 안전사고가 발생하면 진짜 하늘이 무너지는 느낌이다. 그 가족들이나 개인적으로 보면 참 너무나 안타깝고 어떤 위로의 말로도 되돌릴 수가 없었다. 안타까움을 많이 겪으면서 안전사고 예방에 더욱 관심을 갖게 되었다.

사실, 안전을 위해서 꼭 필요한 것은 사람에게 존재하는 '본질적 나태함'을 인정해야 한다는 것이다. '나는 괜찮아', '나는 철저한 사람이야'라고 스스로를 계속 믿어버리기 때문에 안전은 책임질 수가 없다.

누구에게나 일어날 수 있고, 나에게도 일어날 수 있는 일이 사고라는 걸 알아야 한다.

생각해 볼 질문

1. 사람이 나태해지기 쉽다는 것을 인정하는가?

2. 스스로가 삶에 있어 나태해지지 않도록 어떤 노력을 기울여야 한다고 생각하는가?

3. 스스로에 대한 과신이 불러오는 함정이 무엇이라고 생각하는가?

자신의 성공에 대해서
느긋하고 유연해져라

입사하고 10년 만에, 말단에서 생산 사업 부장으로 승진을 했다. 이전 차장 진급 시, 사장님께서는 경리 담당자와 함께 진급을 시키겠다고 말씀하셨다. 그때 나는 "그 과장은 진급시켜 주십시오. 저는 진급할 때가 되지 않았습니다"라고 말했다.

그렇게 말했던 데는 나름의 이유가 있었다. 우리 고객사인 현대자동차에 있는 담당자들이 내가 진급한 것에 대해 축하하고 환영해 줄 수 있는 수준이 되어야 한다고 생각했기 때문이다. 그럴 때 진급해야 진정으로 진급했다는 것에 대한 보람을 느낄 수 있으리라 생각했다. 실력도 안되고 능력도 안되는 사람이 진급을 했다고 하면 우리 고객사의 담당자들이 비웃을 것이라는 생각이 들었다.

그래서 차장 진급에 대해 사장님께 말씀을 드리고 나서 그 다음 년도에 늦게 진급을 했다. 그러다 보니 진급에 대한 부담을 덜 갖게

익숙한 혁신

되었다. 나의 진급에 대해서는 누구도 이의를 제기하지 않았던 것이다. 지난 시절의 그런 생각은 지금도 변함이 없다. 후배들에게도 진급 시기 전후로는 늘 그런 식으로 '대기만성형(大器晩成形)'이 되어야 한다는 조언을 해 주곤 했다.

이후, 나 역시 누군가를 진급 심사할 때, 진정으로 좋아하고 롱런할 친구들은 진급을 좀 더디게 시키더라도 더욱 다지는 그런 인사를 하려고 노력했다. 부장으로 진급할 때, 차장 때 일 년 먼저 진급한 사람과 함께 진급을 하게 되었는데, 회사 안에서는 내가 특진을 했다는 이야기가 돌기도 했다. 하지만 일을 열심히 더 많이 잘하라는 뜻으로 진급을 한 거라 생각했다. 열심히 일하는 걸로 회사에 보답을 하리라 마음먹었다.

자신의 성공에 대해서 너무 급한 마음을 먹을 필요는 없다. 주변의 사람들이 나를 인정할 수 있는 시점은 분명 온다. 자신의 위치를 지키며 스스로의 직분에 충실하다 보면, 기회는 반드시 올 거라는 이야기이다. 이 글을 읽는 모든 이들이 성공에 목말라 자신에 대한 충실함을 도외시하는 일이 없기를 바란다.

생각해 볼 질문 ....

1. 무엇을 성공이라고 생각하는가?

2. 왜 가치 있는 것들은 오랜 기간 동안의 성숙의 시간이 필요한 걸까?

3. 성공하는 사람이 되기 위해 자신에게 가장 필요한 것은 무엇인가?

익숙한 혁신

너그러움이 만들어 내는
의미 있는 결과

때때로 우리는 감정을 추스르기가 힘들다고 생각될 때가 있다. 그런 경우 상대에 대한 너그러움을 발휘하기는 참 힘들다. 그럼에도 불구하고 너그러움은 인생을 살아가는 데 있어 반드시 필요하다. 우리 모두가 불완전하기 때문이다.

이 세상을 살아가는 모두가 완벽하다면 과연 사랑이 필요할까? 어쩌면 우리 모두가 부족하기에 사랑이 필요한 것인지도 모른다. 모두가 실수를 하는 것은 서로에 대한 사랑을 알게 하려는 것일지 모른다. 크든, 작든 사람은 실수를 하며 살아간다. 매일 같이 보는 부부 사이에서도 작은 실수들이 일어나고 직장 동료나 지인, 친구들 사이에서도 사소하든, 크든 실수는 계속해서 일어난다.

그러면 계속해서 일어날 수 있는 실수를 어떻게 생각해야 할까? 나는 이 부분에서 세 가지 면으로 이야기를 해 보려고 한다.

첫째, 실수는 나 자신이 다른 사람에 대한 이해심을 키울 수 있는 기회일 수 있다. 고의적으로 실수를 하는 사람은 없다. 어떤 나쁜 의도가 있어서 그런 것이 아니다. 실수는, 상황적으로 너무 바쁘거나 미처 중요성을 인식하지 못해서 찾아올 수 있다. 그것은 누구에게나 찾아올 수 있다. 하지만 상대의 실수는 다른 사람을 이해할 수 있는 좋은 기회가 될 수 있을 것이다.

두 번째, 실수는 감정이입의 기회이다. 이해심이란 상대방을 이해하려고 노력하는 것이고 감정이입은 그 사람의 감정을 내 감정처럼 입장을 바꿔서 생각하는 것이다. 즉, 당사자가 되어 보는 것이다. 그럼 단지 실수를 이해해주는 것이 아니라 실수를 왜 했는지까지도 이해할 수 있게 된다. 그럴 수밖에 없는 마음을 진심으로 헤아릴 수 있게 된다.

세 번째, 누군가가 실수를 하면 그로 인해서 그 사람과의 관계가 더욱 더 돈독해질 수 있다. 관계가 좋아질 수 있는 계기로 생각할 수 있다는 것이다. 단지 사무적인 관계나 단순히 아는 사이일 수도 있지만 상대에게 감정이입을 하게 되면 그 사람과의 관계는 더욱 더 좋아진다. 상대는 이미 실수가 무엇인지를 알고 있을 것이다.

그렇게 하다 보면 예전보다 더 좋은 관계로 거듭날 수 있다. 그렇게 관계가 좋아질 수 있는 하나의 계기로 삼을 수 있는 것이다. 여기서 중요한 건, 상대방이 고의로 그러지 않았다는 것을 인정해 주어

익숙한 혁신

야 한다. 마음을 헤아려 주어야 한다는 것이다. 그러면 상대는 감사
해할 것이고 사이는 더 따뜻하게 발전할 것이다.

위와 같이 하다 보면 상대와 나 모두가 행복해질 것이다. 또한 그
사람과의 대인 관계는 아주 오랫동안 지속될 수 있다. 이게 바로 사
랑의 열매이다. 사랑은 볼 수 없지만 사랑으로 만들어진 열매는 볼
수 있다.

생각해 볼 질문

1. 관계에 있어 너그러움이 필요한 이유는 무엇인가?

2. 마음의 여유를 갖는 것은 다른 사람을 대하는 태도에 어떤 영향을 미치는가?

3. 다른 이들을 용서하기 힘들다고 생각되던 때가 있는가?

위기를 극복하고 발전을 꾀하라

성우하이텍은 1990년대에 신규 공장이 완공되고 정상 가동을 하면서 도약기를 맞았다. 조직적으로 팀워크를 갖추며 그야말로 미래지향적인 회사의 기틀을 마련했다. 개인적으로는 10년 만에 부장으로 진급을 했고, 4년 만에 임원으로 진급하게 되었다.

임원은 의외로 전문 분야가 없다. 보병이면 보병, 포병이면 포병 뭐 이런 게 아니라, 임원이라면 뭐든지 잘할 수 있어야 했다. 기본적으로 임원이라면 그래야 한다고 생각한다. 그래서 그동안 하지 않았던 분야까지 공부를 하며 시야를 넓혀 나가기로 했다.

그러던 중 회사에 일대 위기가 왔다. 1년 매출이 넘는 투자를 한꺼번에 하다 보니, 설비 투자가 과잉이었다. 과감하게 설비 투자를 하면서 모든 게 좋아지긴 했는데 기대 심리를 떨어뜨리는 외적 요소들이 있었다. 1991년에 걸프전이 터지고 오일쇼크로 인해 자동차 판매가 급감했던 것이다. 매출이 떨어지며 우리는 우리대로 투자가 많이 된 상태에서 생산량이 줄게 되면서 극심한 자금난을 겪게 되었다.

정말 위기였다. 이 위기를 어떻게 극복해야 할까? 그때, 모든 경영진들은 솔선수범해서 위기의식에 대한 교육을 직원들에게 많이 시켰다. 사무실 현장 화장실 청소도 직접 하게 되었다. 인원이 조금 부족했지만 관리 사원들이 현장에서 자체적으로 잉여 인력을 발생시켜서 충당하게 함으로써 개선 활동을 더 많이 하게 되었다.

1980년대 후반에는 정부가 진행하는 각종 수입 규제 제도의 완화로 인해 전 차종을 생산하면서 수입도 자유화가 되었다. 그렇게 현대자동차 '100만 대 프로젝트'가 발표되었고, 거기에 우리 역시 발맞춰 과감하게 투자를 했다. 1989년도에 우리 공장이 신축을 하면서 경쟁력도 갖춰 놨는데, 걸프전이 터지면서 상당한 위기가 도래했다. 의외로 그런 위기에 회장님께서는 '인원은 절대로 내보내면 안 된다. 월급은 하루도 늦추면 안 된다'라는 경영 마인드를 가지셨다. 나는 식구들을 소중히 여기는 회장님의 마인드에 감명을 받지 않을 수 없었다. 결국 그런 과정들을 거치면서 관리 사원들이 더욱 똘똘 뭉쳐서 직접 현장을 개선하고 비용 절감을 위해 최대한 노력하기로 했다.

위기를 극복하는 방법은 다른 데 있지 않다. 위기에 유연하게 기업 구성원 각자가 최선을 다해 자기 일에 최선을 다하는 데 있다. 이것은 위기를 헤쳐 가는 방법이기도 하지만, 한편으로는 자신의 발전과 성공을 위해서도 조바심을 부리지 않을 수 있는 방법이기도 하다.

익숙한 혁신

생각해 볼 질문

1. 자신의 위기 대처 능력은 충분히 만족스러운가?

2. 충분히 재치 있고 능동적인 사람이 되기 위해 나 자신에게 필요한 것은 무엇인가?

3. 위기가 발전의 계기가 될 수 있다는 사실을 믿고 있는가?

유대감을 가져라

믿지 않을지 모르지만, 성우는 지금까지 한 번도 노조로 인한 파업이 없었다. 협상은 하지만, '회사가 있고, 일이 있고, 우리가 있다'라는 건강한 생각을 모두가 하기로 했다. 항상 첫 단추를 잘 끼워야 한다는 생각을 한다. 무엇보다, 원칙을 잘 지켜야 한다. 노사 간 원칙을 준수한다면 상당 부분의 문제들을 발생시키지 않을 수 있다. 불법과 편법은 있을 수 없다.

한편으로 형편이 안 되어 요구하는 조건을 못 들어주는 것은 회사에서도 충분히 설득할 수 있어야 한다. 파업과 데모가 만연할 때, 우리 회사만 그런 일들이 없었던 것은 기적이라고 할 수 있었다.

돌이켜 보면, 관리 사원들이 참 고생을 많이 했다. 노조가 생기면서 관리 사원들이 낮에는 회사 사무실에서 개인 업무를 보고 야간에는 하루 물량 부족 부분을 직접 작업해서 물량을 채우고야 퇴근하는 일이 허다했다. 직접 생산을 하면서 현장에 근무하는 직원들의 애로

익숙한 혁신

사항도 이해하게 됐고 공정 책임자들이 안전하고 쾌적한 환경에서 일
할 수 있는 현장의 문제점을 찾아내게 되었다. 당연히 사원들과 관계
가 더 친밀하고 돈독한 문화가 만들어졌다.

함께 일하고 있다는 유대감이 기업의 역사와 발전을 만들어 낸다.
나는 그것이 무엇보다 소중하고 중요하다고 생각한다.

생각해 볼 질문

1. '연대'라는 말과 '유대'라는 말은 어떤 차이가 있는가?

2. 함께 일한다는 느낌을 주기 위해서 자신이 노력해야 할 점은 없는가?

3. 유대감이 회사의 발전에 있어 어떤 영향을 줄 수 있다고 생각하는가?

습관이 미래를 만든다

인생을 결정하는 것은 단순한 방향성이나 마음가짐이 아니다. 인생을 바꾸는 것은 '행동'이다. 마음으로 어떠한 것을 생각했다면 그것을 실제로 행동으로 옮기는 것이 중요하다. 하지만 행동으로 옮기는 건 생각보다 매우 어려운 일이다. 그런데 행동을 보다 수월하게 할 수 있도록 돕는 게 있다. 그것은 바로 '습관'이다. 습관을 어떻게 갖는지에 따라 미래가 달라질 수 있다.

항상 자신이 불행한 상황 가운데 있다고 말하는 사람들이 있다. 그것은 어찌 보면 실패하고 좌절하는 연습을 계속했기 때문이다. 그렇기에 좌절하는 상황에 놓일 수밖에 없는 것이다. '나는 늘 힘들어', '나는 왜 이런 환경에 있을까?'라는 생각 자체가 실패하고 좌절하는 연습이다. 그런 연습이 나를 그런 상황으로 이끄는 것이다.

즐겁고 행복한 삶을 살아가기 위해서는 그런 실패하고 좌절하는 습관을 버릴 필요가 있다. 그러기 위해서 우리가 몇 가지 피해야 할 것들이 있다.

첫째로, 인생이 뜻대로 풀리지 않는다고 해서 너무 초조해하지 말아야 한다. 그때마다 초조해하는 건 자신에게 전혀 도움이 되지 않는다. 오히려 자신을 점점 더 의기소침하게 만들 뿐이다.

둘째로, 다른 사람의 비판에 대해 공격적이거나 방어적인 자세를 취할 필요가 전혀 없다는 것이다. 거기에 동요되는 순간 자신감을 잃을 가능성이 크다. 다른 사람들의 충고나 조언이 때때로 필요할 수 있지만 자신의 감정이 휘둘리지 않는 선에서 냉철하게 받아들일 수 있어야 한다.

셋째로, 항상 자신이 옳다고 주장할 필요가 없다. 우리 모두는 단점을 가지고 살아가는 나약한 존재이다. 항상 자신이 옳다고 주장할 필요도 없다. 자신의 잘못이 세상에 드러난다고 해서 스스로가 아주 형편없는 사람이 되는 건 아니다. 그러니 스스로 옳다고 주장할 필요는 없다.

넷째로, 불행한 상황을 실제 존재하는 것보다 더 비관적인 관점으로 바라보지 말아야 한다. 상황을 조금은 외부의 눈으로 볼 필요가 있다. 충분히 일어날 수 있는 상황이라고 생각하고, 필요 이상의 감정을 섞어서 비관적인 시선으로 바라볼 필요가 없다는 것이다.

익숙한 혁신

다섯째로, 인생 대부분의 시간을 위급상황인 것처럼 행동하는 습관을 버려야 한다. 그런 행동은 삶을 빡빡하고 힘들게 만들 수밖에 없다. 그런 것들을 버리는 연습을 하면 도움이 될 것이다. 실패하고 좌절하는 연습보다는 그걸 버릴 생각부터 해야 한다.

그것 외에도 자신에게 숨겨져 있는 좋은 특성을 연습으로 이끌어 낼 수 있다. 친절이나 겸손함, 타인과 편안하게 지낼 수 있는 방법들, 인내심, 동정심… 이런 것들을 자신의 내면에서 습관화시켜야 한다. 그렇다고 자신을 질책하고 책망하는 삶을 살아야 한다는 건 아니다. 단지 내적으로나 외적으로 습관이 나를 어떻게 꾸며가고 있는지를 검토하는 것이 큰 도움이 된다는 것이다. 매일 같이 검토를 한다면 자신의 미래는 긍정적인 방향으로 흘러갈 수 있다.

삶을 실제로 바꾸려면 마음 자세나 방향성을 바꾸는 것만으로는 부족하다. 직접적으로 바꿀 수 있는 것은 '행동'이다. 그리고 그 행동을 주관하고 유도할 수 있는 것은 '습관'이다. 행동의 습관과 생각의 습관이다. 그런 습관들이 어떤지 매일 같이 검토하는 것은 자신의 삶에 가장 중요한 이정표를 만드는 데 큰 기여를 할 것이다.

생각해 볼 질문 ....

1. 삶을 풍요롭게 하는 습관이 따로 있다고 생각하는가?

2. 성공하는 사람들과 그렇지 못한 사람들의 차이는 '습관'에 있다고 하는데 그 점에
   동의하는가?

3. 나는 자신을 다잡기 위해 어떤 노력들을 하고 있는가?

미룰 것인가, 책임질 것인가

출근과 동시에 자주 현장을 순회하는 것이 일하는 동안 업무의 시작이었다. 매일 아침 출근 하면서부터 현장의 구석구석을 챙겨보곤 했다. 어느 날, 개운치 않은 안타까운 상황이 생겼다. 주간 근무자와 야간 근무자 사이의 실랑이였다. 서로에게 핑계를 대면서 상급자인 나에게 서로의 입장을 이야기하는 거였다. 그들이 핑계를 대는 건 주로 목표미달에 따른 장비 고장이나 장비 점검 미흡, 라인 정리, 정리정돈과 청소 등의 미흡함 같은 것들이었다. 제품에 불량이 발생하면 원인을 전 근무자에게 미루는 것이 다반사였다. 그들은 서로에게 전 근무자였으니, 핑계의 말은 계속해서 돌고 도는 형식이었다.

사실, 모두에게 책임과 이유가 있는 것이었는데, '어떻게 하면 내 책임이라고 하면서 자기반성을 하도록 할 수 있을까'를 속으로 고민했다. 누에는 뽕잎을 먹지만 명주실을 뽑아낸다. 공정의 책임자들도 겉으로는 생산 라인에서 일하는 한 명의 근로자처럼 보이지만, 실상은 양질의 제품을 만드는 가치 있는 일을 하고 있는 것이다. 자신이 책임지고 있는 공정에 대해 정리, 정돈, 청결을 유지해서 양질의 제품을 생산하도록 하는 것은 각자 모두의 책임이자 의무인 것이다. 그것을 그들 스스로가 느낄 수 있도록 하는 것이 내가 할 일이었다.

　그런 상황이 되자 나는 바로 청소시간을 변경하였다. 지금까지 작업 종료 시간(마지막 20분)에 하던 청소를 작업 시작 시간에 하도록 한 것이다. 그러다 보니, 이전 작업자가 만들어 놓은 상황을 그 다음 근무자가 추스르는 상황이 되었다. 20분 하던 청소가 턱없이 부족했다. 이것을 해결하기 위하여 관리 사원을 라인별로 투입해서 함께 청소를 도우면서 공정 내의 문제점과 개선점도 같이 찾도록 하였다.

　그렇게 하자, 무엇보다도 책임 회피성이 급격히 줄면서 생산성이 올라갔다. 당연히 불량률도 떨어지게 되었다. 서로에게 미루던 책임을 나의 것으로 만든 것이 바로 발상의 전환이었다. 이렇듯 생각을 바꾸면 많은 변화들이 찾아올 수 있게 된다. 변화는 그냥 만들어지는 것이 아니다.

　　　　　　　　　　　　　　　　　　　익숙한 혁신

생각해 볼 질문

1. '주인의식'이란 무엇을 말한다고 생각하는가?

2. 마음으로부터 책임지려는 생각이 중요한 이유는 무엇인가?

3. 삶을 괴롭게 하는 문제들이 모두에게 있음을 생각할 때, 핑계 대지 않는 마음이
   중요한 이유는 무엇인가?

때론 대의를 위해
무릎 꿇을 수 있어야 한다

100만 대 생산 시설을 늘리면서 전착 도장 라인을 설치하고 보니 환경문제가 발생되었다. 우선 수질, 대기, 악취와 같은 문제들이 새롭게 대두되었다. 외부에서 민원이 발생하여 합동 단속반에 의해 15일 가동 정지 처분을 받았다. 그때 정말 하늘이 노래지는 느낌을 받았다. 15일 가동 정지는 회사 입장에서 엄청난 타격이었다.

우리 제품은 쉽게 어디에서나 도장할 수 있는 제품이 아니기 때문에 고민을 하다가 결국 현대모비스 대형 자동차 바퀴를 도장하는 라인에서 많은 도움을 받았다. 그리고 15일 동안 우리 시스템을 개선하는 작업을 했다. 하루는 개선 테스트를 하고 있는 시점에 이중으로 단속에 또 걸렸다. 개선이 되었는지 테스트를 하는 것인데, 밤에 단속반이 와서 '왜 가동하느냐'면서 가동 정지 3개월을 집행하겠다는 것이다.

익숙한 혁신

시험 가동이었는데 그런 일이 벌어진 것이다. 아침에 출근하는데 야간 당직 근무자에게서 연락이 왔다. 단속반 사람들 다리라도 잡고 절대 못 가게 하라고 해 놓은 뒤, 급하게 출근하여 그분들을 만났다. 회의실에 있는 단속반에게 꿇어 앉아 사정 이야기를 했다. 정말 무릎을 꿇었다. '이렇게 개선하고 있고 보완하고 있는 중에 테스트를 하게 된 것인데, 이걸 또 단속하면 어떻게 하느냐'라고 사실을 설명했다.

그리고 '우리 회사가 가동이 정지되면 현대자동차 라인이 중단되고 현대자동차가 가동 중단하면 우리나라가 어떻게 되겠느냐', '내가 지금 개선을 하고 있지 않느냐' 라면서 30~40분을 꿇어 앉아 빌었다. 같이 온 일행들도 있어 곤란하다고 했지만 지금 테스트도 하고 있고 성우의 입장도 생각하여 의논해 보겠다고 했다. 그들은 잠시 후 "그럼 좋다. 테스트하는 걸로 인정하고 없던 걸로 하겠다"고 했다.

30분이 3시간처럼 느껴지는 순간이었다. 하지만, 참 어떻게 보면 지성이면 감천이라는 생각이 든다. 때론 대의를 위해 무릎을 꿇을 수 있어야 한다고 생각한다. 그건 비굴한 것이 아니다. 큰 것들의 손실을 막고 많은 사람들의 실패를 막는 용기 있는 행동이 될 수도 있는 것이다.

생각해 볼 질문 ·································

1. 꼭 필요한 대의를 위해서 허리를 굽히는 것은 왜 비굴한 일이 아닌가?

2. 존경심이 우러나오지 않는 사람에게도 겸손함을 보일 필요가 있는가?

3. 비즈니스에서 정갈한 겸손함이 필요한 이유는 무엇인가?

더 많은 능률을 위해 위임하라, 하도급

정관으로 이전한 신축 공장에서는 프레스 라인에 지역 출신을 많이 채용했었다. 그런데 그렇게 하다 보니, 야근도 안 하려고 하는 등 여러 문제들이 있었다. 앞서 언급했던 대로, 같은 공장 내에 있는 고향 선배가 '하지 마'라고 하면 전체가 영향을 받는 식으로 위계가 무너져 난감한 상황이 연출되곤 했다.

이걸 해결하기 위해 아이디어를 냈다. 그때 우리 생산 라인에는 프레스 파트에 라인이 두 개가 있었다. A라인은 지금 기존의 반장이 직접 맡고, B라인은 지역 출신 사원들이 공동 대표가 되어서 운영하도록 한 것이다. 지금은 이걸 '사내 하도급'이라고 하지만, 당시에는 이런 용어가 없었다.

그 당시에 우리 회사의 주력 작업은 프레스였다. 프레스 부품 가공 전문 회사에서 프레스 공정을 하도급 줬다는 것은 아주 획기적인 경우였다. 생산 관리 시스템으로서는 큰 변화였다. 이렇게 하도급 처리한 것에 대하여, 주변에서도 신기하게 생각을 하면서도 한편으로는 "어떻게 이런 일이 있을 수 있냐? 프레스 회사가 프레스를 남을 준다는 게 미친 거 아닌가?" 하는 말도 했다.

인건비를 많이 줄일 수 있었냐고? 지금까지 생산했던 숫자와 투입된 시간, 투입된 인원을 3개월 평균을 냈다. 그렇게 인건비를 묶어 생산량으로 나누어 나온 금액을 평균 내어 보니, 무려 30~40%씩 생산성이 올라가 있었다. 생산량은 떨어뜨리지 않으면서 일의 능률은 배가되었던 것이다. 제품이 나오면 일단 자기 돈이니까 그들은 쉴 새 없이 일을 했다. 그들은 회사의 전력으로 회사의 일을 하면서 인건비를 가져갔다. 거꾸로 회사는 같은 라인을 가지고 생산성이 올라갔기 때문에 신규 투자를 안 해도 되었다.

그때 당시에는 잘 몰랐지만 이로 인해 생산성이 올라가게 되자 추가 설비 투자를 하려고 했던 공간에 다른 조립 라인을 들여 놓을 수 있었다. 이것은 우리 회사가 추가 하도급을 할 수 있는 시발점이 되었다. 그 이후, 국내에는 이런 하도급 문화가 점차 확산된 것으로 알고 있다.

한편으로는 '위험성이 있지 않을까? 단체행동을 하기 쉽지 않았을까?' 싶기도 할 것이다. 하지만, A라인에는 단독사장, B라인에는 공동대표를 두어 경쟁을 하게 되면서, 우려한 일들은 벌어지지 않았다.

익숙한 혁신

서로 견제하면서 단독 행동은 할 수 없게 된 것이다. 그러나 몇 년 후에, B라인은 와해가 되었다. 나는 열심히 했는데 왜 너는 열심히 안 하냐며 내분이 일어났다. 철저히 회사에 뿌리를 두고 있던 A라인이 주인의식도 있고 생산성도 높았다. 그러면서 와해된 B라인은 삼 사 년 뒤에 A라인으로 합병되었다.

당시의 분위기를 고려하여 외국인 근로자들이 A라인에서 일을 하도록 했다. 입사한 사람들의 인원 조정은 자체적으로 이루어져서 근로자들의 소속은 하도급 쪽으로 별도의 사업자가 되었다. 다음으로 '힘들고 일 못 하겠다'는 사람들 때문에 공장 라인을 자동화시키기 시작했다. 모든 것들이 시대적 흐름이었다.

하도급을 통해 생산 라인에 혁신을 꾀한 것은 우리로서는 대단한 모험이었다. 그러나 시도 후에 알게 된 것은 위임하는 것이 때로 매우 큰 능률을 가져 온다는 사실이었다. 위대한 리더는 따르는 이 중 뛰어난 사람에게 일을 위임한다. 그리고 그를 온전히 믿는다. 그렇게 할 때 더 많은 사회적 발전이 만들어질 수 있다.

생각해 볼 질문

1. "유능한 리더는 위임한다"는 말을 어떻게 생각하는가?

2. 능률적 조직을 만들기 위해 '위임'이 중요한 이유는 무엇인가?

3. 위임할 만큼 유능한 사람들을 어떻게 구분할 것인가?

연구하고 또 연구하라

국내 자동차 차체 부품을 생산하는 업체는 업종 자체가 호사스럽고 정밀한 하이테크 분야가 아니라는 것이 일반적인 인식이었다. 하지만 1994년도 무렵, 우리 회사에서는 국내 최초로 연구소를 설립하게 되었다. 그때 당시, 현대자동차의 범퍼를 설계하는 담당자가 많은 조언과 도움을 주었다.

향후 성우의 미래를 생각한다면, 무엇보다도 중요한 것은 미래의 먹거리를 찾아 연구하는 것이었다. 그렇지 않으면 어려움이 닥칠 수 있다는 조언을 많이 들어왔다. 그래서 그 담당자의 이야기를 들은 뒤 1년 동안 고민을 해서 그 시점으로 봐서는 상당히 과잉투자가 되었을 것이라고 하는 1990년도 초반에 용단을 내렸다. 경영 악화를 겪고 있었고 고급 인력 구인에 어려움을 겪던 시점에 회장님의 적극적인 의지로 연구소가 신설된 것이다.

연구소 설립과 더불어 외국 자동차 부품 전시회 등에도 참여를 했다. 많은 정보를 수집하여 미래의 먹거리를 찾아다녔다. 국내 최초 공법인 범퍼 빔 신공법을 찾기 위해 미국 디트로이트에 갔었던 적이 있었다. 견학 겸 정보 수집을 위해 현대자동차 담당자들과 범퍼 빔의 세계 최선두 회사에 갔는데 문을 안 열어 줬다. 원래 일주일 계획을 잡고 간 출장이었는데 현장이 개방되지 않아 실망스러웠다.

그냥 돌아올 수가 없어 떼를 쓰고 버티고 있었다. 한 3일 지나자 그 회사 사람들이 현장을 보여주겠다고 했다. 하지만 성우 사람들은 들어오지 말라고 했다. 현대자동차는 자기들이 부품을 공급할 수 있는 입장이므로 현대자동차 직원들에게만 보여준 것이다. 아직까지 우리는 초보단계인데도 경계를 하고 있었다.

현장을 제대로 구경도 못하고 4일째 되는 날이었다. 그 회사 업무용 티셔츠를 하나씩 나눠 받았다. 그러더니 우리를 승합차에 태워 마이너리그 야구장에 데려다 줬다. 우린 추워서 스탠드에 쪼그려 앉았다. 너희들은 야구 구경이나 하고 있으라는 식으로 푸대접을 했다. 이해관계도 없고 교류감도 없으니 그렇게 한 것도 있었겠지만 일본이 그랬던 것처럼 한국도 자신들의 기술을 알아내서 발전하게 될까 봐 미리 견제한 것이었다.

상황이 그렇게 돌아가자, 현대자동차가 아니라 '현다이 자동차'라고 일본식으로 말하기도 했다. 그 정도로 한국의 자동차 부품사는 존재감이 미미할 때였다. 그쪽에서는 일본 업체라고 생각하고 견제를 많이 하지 않았나 생각된다. 상당히 암담한 경험이었다. 하지만 그렇다고 그냥 돌아올 수도 없었다. 호텔방에서 같이 간 사람들끼리 고민을 하고 있었다. 어떻게 하면 이 회사에서 특허가 출원되어 있는 제품을 피하는 쪽으로 부품을 개발할 수 있을까를 생각했다.

그런 고민으로 만들어진 것이 '액센트' 자동차용 범퍼빔이었다. 어떻게 보면 미국의 선진기술을 도입하는 데 있어 상당한 어려움을 겪었지만 우리가 우수한 기능의 제품을 개발할 수 있었던 모델이었다. 바로 롤폼 공법으로 만드는 범퍼였다. 형태가 유선형이기도 하고 그전 공법보다 50프로 정도 비용을 절감하는 효과를 보았다. 롤폼 공법이라는 것은 지금도 여러 차종에 적용되고 있다.

신공법을 적용할 수 있도록 현대자동차 임직원들이 많이 도와줬다고 볼 수 있다. 시설도 없고 설비도 없는 데다 인력도 부족한 상황에서 미국 선진 업체들이 하고 있는 공법을 그야말로 과감하게 채택해줬던, 도움을 주신 분들이 있었기 때문에 우리는 변화를 가져올 수 있었다. 그런 것을 생각하면 지금도 감사할 따름이다.

우리 회사의 연구소는 미래 무한경쟁시대에 대비하기 위한 차체 업체의 독립 연구소였다. 기술개발을 토대로 최첨단 기술을 도입하고 모기업에서 하던 일을 협력사가 하게 되어 결과적으로는 역할 분담이 되었다. 나중에는 원자재 절감이라든지 최적화 설계, 해석 같은 것까지도 할 수 있게 되었다.

연구소를 설립하고 나서 약 10년 동안 더 많은 신기술, 신공법을 연구했다. 2000년에는 그야말로 연구소를 독립적 건물에 설치하고 조직을 갖추게 되었다. 대표적으로 기술개발을 한 것이 레이저 공법이다. 이런 신기술 신공법을 도입하면서 부품을 설계하는 설비 자체를 다 국산화시켰다. 국산화를 시키면서 많은 시행착오를 겪었지만 부품의 품질과 원가 측면에서 상당한 경쟁력을 갖게 되었다.

공장을 책임지고 있는 사람으로서 신기술, 신공법, 신장비를 개발해 현대자동차에 30만 대 내지는 100만 대 이런 부품을 공급한다는 것 자체는 상당한 모험이었다. 신기술, 신공법, 신장비에 대해서는 언제 어떤 문제가 일어날지 아무도 예상하지 못한다. 필드에 완성체가 나갔을 때 어떤 문제가 일어날지도 예상을 못하는 입장에서 살얼음판을 걷는 기분으로 살았다고 할 수 있다.

장비가 고장이 났다 하면 대체할 장비가 달리 없었다. 우리가 독자 개발한 것이기 때문이다. 국내뿐만 아니라, 세계 어디에도 그 장비 하나밖에 없었다. 출근할 때면 그 장비에게 먼저 가서 "아이고~ 밤에 잘 돌아가 주셔서 감사합니다"라고 인사를 하고 사무실에 갈 정도로 기도하는 마음이었다.

그런 식으로 신공법을 적용한 신장비에 대해서는 항상 신경을 썼다. 그게 문제가 생긴다고 하면 우리 회사의 사활이 걸리기 때문에 문제가 없기를 바라고 모기업에 문제가 직결되지 않도록 완충역할을 할 수 있는 길이 뭘까 고민을 했다. 직원들의 보전 능력을 철저히 교육시켜 어떤 문제가 있더라도 즉각 대응할 수 있도록 능력 배양을 하는 것이 우리의 실력을 갖추는 방법이었다. 연구소를 설립하면서 신기술, 신공법, 신장비를 같이 병행해서 회사의 독립적인 능력을 갖춰가게 되었다.

회사에 있어 연구는 사치일까? 그렇지 않다. 모든 이익집단에 있어 연구는 거추장스러운 게 아니라 필수이다. 이 과정을 거치면 기업은 새로운 도약을 하게 된다. 그리고 더 넓은 시장을 향해서 발돋움할 수 있게 된다. 기업이나 개인이나 모두 마찬가지이다. 스스로를 돌아보고 궁리하는 과정은 모두에게 필요하다.

생각해 볼 질문

1. 개선을 위한 끝없는 연구가 필요한 이유는 무엇인가?

2. 재정적으로 넉넉하지 않은 상황에서도 연구가 필요할까?

3. 새로운 지식 습득을 위해 공부하는 것과 연구는 어떻게 다른가?

사소한 것 하나에도
기꺼이 책임지는 태도를 가져라

회사의 역사가 쌓이면서 여러 가지의 대외적인 품질인증도 많이 받게 되었다. 대표적으로 ISO 인증도 1996년 12월에 받았고, 중소기업청이 주관하는 100PPM도 1998년 2월에 획득했다. QS9000 인증도 1999년 8월에 받았다. 대외적으로 우리가 생산하는 제품에 대한 품질 관리시스템이 체계적이라는 것에 대한 인정을 받은 것이다.

그렇게 품질 관리를 하였지만, 자동차 인라인에 대량 품질 문제가 발생하게 되어 그에 대한 문책으로 현장 화장실 청소를 3개월간 하게 된 적이 있었다. 처음에는 상당히 자존심도 상했고 '내가 화장실 청소를 꼭 해야 하나' 이런 생각을 갖기도 했었다.

일본에 출장을 갔을 때, 일본 기업체 화장실을 보면 너무나 깨끗하고 청결유지가 잘 되어 있는 걸 볼 수 있었다. '한국은 왜 안 될까?' 하는 생각이 들었다. 그러던 차에 그런 벌이 내려졌고, '내가 한 번

해 봐야겠다' 하는 마음으로 화장실 청소에 임했다. 곧바로 마트에 가서 빨간 고무장갑, 철수세미, 플라스틱 수세미, 가루왁스 세면대를 사왔다. 그리고는 매일 아침 직원들이 출근하기 한 시간 전에 출근해서 화장실 청소를 했다.

뜻하지 않게 약간의 문제가 생겼다. 아침에 반장 중심으로 현장조회를 하게 되는데, 그럴 때면 고참들이나 말 잘 안 듣는 부류에 속하는 사람들은 화장실로 와서 담배를 피우고 들어 앉아 있곤 하면서 조회참석을 안 하는 것이었다. 그런데 화장실 청소를 내가 하고 있기 때문에 화장실에 오지를 못했다.

화장실 청소를 한 지 2개월이 지나면서, 직원들이 출근하기 전에 집에서 볼일을 보고 오기도 했다. 생활 패턴이 변한 것이다. 아침에 조회할 때도 열외가 없어지니까 반장의 전달사항이 제대로 전달되었다. 내가 화장실 청소를 계속하고 난 뒤, 직원들의 생각은 점점 바뀌기 시작했다.

공장장이 청소를 하게 되자, '화장실을 깨끗이 써야겠다'는 마음이 서서히 생기기 시작한 것이다. 그렇게 되기까지 2~3개월 정도의 시간이 걸린 것 같다. 화장실은 세 군데였다. 한 곳을 할 때 최소한 3~40분 걸렸다. 세 곳을 하려면 적어도 한 시간 반에서 두 시간이 가까이 걸렸다. 그런데 한 달이 지나면서 나중에는 청소할 것이 별로 없어졌다.

매일 한 시간 만에 세 곳의 화장실 청소를 싹 끝낼 수 있었다. 그것은 직원들이 청결을 유지해야겠다는 마인드를 갖게 됐다는 증거였다. '공장장이 청소를 하니까 우리가 잘 써야지' 하는 마음을 갖게 되었고, 그러자 깨끗하게 유지가 되었다. 그렇게 직원들 마인드가 바뀌었다.

내가 어릴 때 할아버님께 들은 이야기가 있다. 자녀들이 가정교육이 잘 된 것을 보려면 그 집 댓돌 위의 신발이 어떻게 놓여있는지, 그 집 화장실이 어떤지를 보라는 것이었다.

댓돌 위에 신발이 가지런히 놓여 있는 집에는 도둑이 들어와도 도둑질을 못하고 뒷걸음질 쳐 나간다. 그런데 신발이 하나는 댓돌 위에 있고 하나는 옆으로 있고 하나는 엎어져 있고 하나는 저 마당에 떨어져 있고 이런 식으로 중구난방으로 되어 있으면 도둑이 들어와서 다 훔쳐가도 모른다. 집에 질서가 없기 때문이다.

화장실이 깨끗하다는 것은 그 집의 그릇이 깨끗한 것을 의미한다. 바로 그것을 현장의 제품과 직결시키고 싶었다. 화장실이 깨끗하다는 것은 직원들의 수준이 높다는 것이었다. 깨끗한 화장실을 유지한다는 것은 직원들의 마인드가 그 만큼 깨끗해졌음을 말하는 거였다. 직원들의 의식 수준이 상당히 높아졌다는 것이다. 그런 의식 수준이 높은 사람이 제품을 만들면 그 제품도 우수할 수밖에 없다.

직원들의 의식 수준은 그렇게 화장실에서부터 바뀌어 갔다. 벌칙으로 3개월 청소를 하면서 높아진 의식 수준이 무너지면 안 된다는 생각이 들었다. 그래서 자발적으로 3개월을 더 연장했다. 직원들의 의식 수준이 완전히 습관이 되도록 해야겠다는 생각이 들었다. 그것이 하나의 시발점이 되었는지는 모르겠지만 지금도 현장에 가보면 침 뱉고, 껌 뱉고, 담배꽁초 버리는 사람들이 없다.

외부의 어떤 분들은 우리 화장실이 전자제품 회사만큼 깨끗하다는 이야기를 하기도 했다. 우리 직원들의 의식 수준이 상당히 높다는 의미이기도 했다. 다른 협력사들로부터 '우리 회사는 노력해도 안 되는데 어떻게 당신회사는 관리가 되고 유지가 되냐'는 질문을 받았을 때 나는 웃으면서 '노력하면 됩니다'라고 짧게 이야기했다. 하지만 내심 속으로는 '스스로 솔선수범 해 봤냐'는 질문을 해본다. 노력을 하니까 전 직원들이 거기에 동참을 하게 되었던 것이다. 청소를 하는 데 동참을 하는 것이 아니라 깨끗하게 유지하는 데 동참을 하는 것이다.

시작은 작은 것 하나를 책임지려는 태도이다. 그러나 이로 인해 생길 수 있는 파급력은 대단하다. 작은 행동 하나가 주변을 바꾸고 세상을 바꿀 수 있다는 걸 생각하면 우리 자신의 태도에 대해 많은 것을 생각하게 된다. 나도, 세상도 그렇게 변하고 발전한다.

익숙한 혁신

생각해 볼 질문

1. 작은 것 하나에도 책임지려는 주인의식이 리더에게 필요한 이유는 무엇인가?

2. 책임전가가 조직 내에서 팽배하다면 어떤 부작용들이 생길까?

3. 나 자신은 얼마나 책임 의식이 있는 사람인가?

Part 3

능력도 좋지만,
열정을 먼저 품어라

자신에 대한 평가에 겸허하라

1992년도인가… 그때까지 직원들이 나를 부르는 별명이 뭔지 몰랐었다. 어느 일요일 아침에 출근 했을 때의 일이다. 운동장이 좁아서 일반 직원들은 도로가에 주차를 하는데 그래도 나는 공장장이랍시고 좁은 공간이지만 공장 안에 지정석이 있어 주차를 할 수 있었다. 습관적으로 현장을 한 바퀴 돌고 사무실에 들어오는데 여사원이 창 밖을 바라보면서 "공포의 레드카 나왔네?" 하는 것이었다.

내 차는 빨간 프레스토였다. 정부에서 소방차와 혼선이 따른다 해서 빨간 차를 규제했는데 그 규제를 푸는 첫 타임에 빨간 차를 샀었다. 그래서 직원들이 '공포의 레드카'라는 별명을 붙인 것 같았다. 순간적으로 뭐라고 할 수도 없고 그래서 그냥 내 자리에 가서 조용히 앉아 있었다.

어찌 보면, 적색의 차를 빼고 싶어서 뺀 것은 아니었다. 회사 사장님께서 그때 "내 차는 검은 거고 누구는 흰 차고 그러니… 너는 빨간

차 한 번 빼보지 그래?"라고 하셔서서 뽑은 것이었다. 그런데 직원들 사이에 그런 별명이 돌 정도로 이 회사 업무에 소방수 역할을 하고 있었나 하는 생각이 들었다.

조용히 자리에 앉았지만 아마 그 여사원은 상당히 고민에 빠졌던 것 같다. 내가 자신의 목소리를 들었으니 말이다. 고민 끝에 커피 한 잔을 들고 내 방에 찾아왔다. 웬일이냐고 물으니까 "공장장님 별명이 공포의 레드카인 줄 모르셨어요? 다 아는 이야기인데 나보고 꾸중하지 마세요" 하는 것이었다.

원칙을 중시하고 요령과 편법을 싫어하긴 하지만 내가 공포감까지 조성하는 사람일까? 스스로 그 정도로 인간미가 없는 사람이었다는 것을 반성하게 됐다.

그 이후로는 직원들을 대하는 태도를 바꿨다. 일이 아닌 사람을 보고 질책하지는 않는다. '왜 이런 결과가 될 수밖에 없을까'를 생각하고 해결하는 경향이 생기게 되었다. 우리 직원들에게 어떻게 일을 가르치며 가야 할지 스스로 반성하게 되었다.

그때 그런 말도 있었다. 내가 현장에 나간다고 하면 자기들끼리 신호를 보낸다는 거다. '떴다!' 하며 자기들끼리 일을 하다가 제품이나 공구를 가지고 탕탕 소리를 내면서 신호를 보내는 것이다. 그런데 내가 현장에 출입하는 코스가 일정치 않도록 바꿔 보았더니 신호 전달이 잘 안됐는지 들킨 적이 있다. 참 웃지 못할 일이었다.

  지난 일이긴 하지만, 책임자로서는 조금 씁쓸하고 서운하게 느껴질 수도 있는 일이었다. 하지만, 주변의 평가를 가지고 스스로를 돌아보게 됐다. '나는 주변 사람들에게 어떤 사람인가' 하고 말이다. 스스로를 대단한 사람이라고 생각할 필요도 없다. 이런 주변의 반응들로부터 나 자신이 고칠 것이 많은 부족한 사람이라고 생각할 수 있다면 그것 역시 매우 훌륭한 일일 것이다.

생각해 볼 질문

1. 자신을 과대평가하지 않아야 하는 이유는 무엇인가?

2. 객관적으로 자신을 보기 위해 무엇이 필요하다고 생각하는가?

3. 자가당착에 빠질 때, 흔히 거두게 되는 결과는 무엇인가?

열심히도 좋지만
효율적인 일꾼이 되기 위해 노력하라

많은 사람들이 능률적으로 일하는 것과 효율적으로 일하는 것에 대한 차이를 잘 모른다. 이 부분에 있어서 '능률적'으로 보다 '효율적'으로 일하는 것을 권유하고 싶다. 토머스 K. 코넬란은 "능률이란 일을 적절하게 하는 것을 말하며 효율이란 적절한 일을 하는 것을 말한다"고 했다.

쉽게 말해서 자신이 하고 있는 일이 어떤 일이든지 간에 그 일을 조금 더 재밌게 하기 위해서 노력하는 것, 능동적으로 일하기 위해서 노력하는 걸 능률이라고 한다. 반면에 재미하고는 상관없는 효율이라는 것은 적절한 일을 찾아서 하는 것이다. 적재적소(適材適所)에 필요하다고 생각해서 하는 일을 효율이라고 할 수 있다.

가수 싸이 씨가 했던 말 가운데 '즐기는 사람을 따라올 사람은 없다'는 말이 한동안 유행했었다. 물론, 그 말이 틀린 말은 아니다. 어

익숙한 혁신

떠한 면에서는 맞는 말이기도 하다. 일을 재밌게 능률적으로 하면 많은 성과가 날 수도 있다. 그런데 중요한 점은, 시간은 한정되어 있고 자원 역시 한정되어 있다는 사실이다.

무턱대고 계속해서 밀어붙이기 식의 일을 하게 되면 한정된 시간과 자원이 낭비될 수 있다. 우리는 기본에 충실한 사고방식을 가질 수 있어야 한다. 효율이 아니라 능률만 강조하다 보면 사소한 것에 신경을 쓰다가 중요한 것을 놓치고 갈 수도 있다. 왜냐하면 능률은 그냥 앞만 보고 열심히 일을 하는 것이기 때문이다. 효율은 어떤 것이 더 중요한지를 판단해서 덜 중요한 걸 나중에 하는 방식이다. 이것이 효율과 능률의 차이다.

신중하게 일하고 현명하게 일하는 것은 많은 시간을 단축시킬 수 있고 더 중요한 일들을 하게 만들기 때문에 사회적으로 필요한 성과들을 더 많이 낼 수 있다. 사회에서 필요로 하는 것은 일을 많이 하는 것이 아니라 필요한 일을 하는 것이다. 우리가 정말 필요로 하는 사람은 나에게 필요한 좋은 특성을 가진 사람이지 어떤 일을 많이 할 수 있는 사람은 아니다.

'어소시에이트 프레스'라는 잡지의 한 기사에 의하면 '능률적으로 일하는 사람보다 효율적으로 일하는 사람이 굉장히 빠른 승진을 했다'고 한다. 효율적으로 일하는 사람은 능률적으로 일하는 사람에 비해 성격이 그다지 활발하지가 않다고 한다. 기사에 따르면 사람들

사이에서 조금은 재미없는 사람으로 여겨질 수도 있는 사람이 많은 걸로 확인되었다.

88명의 관리직원을 대상으로 조사를 했는데 싸이 씨가 말한 것처럼 즐기고 재밌게 일하는 사람이 더 승진을 빨리 할 줄 알았지만 그렇지 않았다는 결과가 나왔다. 성공하는 관리직원들은 모두 능률적으로 일하는 사람들이 아니라 효율적으로 일하는 사람들이었다. 어떤 것이 더 중요하고 덜 중요한지 능동적으로 판단하고 집중해서 일에 매진하는 사람들이 더 빨리 승진의 자리를 차지할 수 있었고 그런 사람들이 더 좋은 평가지수를 받는다는 것을 알게 되었다.

그에 반해서 재미를 추구하고 일의 양에 우선적으로 치중하며 일하는 사람들은 연봉도 낮았다. 물론, 이것은 단편적인 예에 불과할 수 있다. 고지식하고 재미없는 사람이 되라고 말하는 것이 아니다. 효율적으로 일하는 사람보다 능률적으로 일하는 사람이 부족하다거나 나쁘다는 것을 말하려는 것은 더더욱 아니다.

다만, 일을 하는 면에 있어서 좀 더 숙련되고 좋은 평가를 받으려면 진중하고 신중해야 한다는 것을 말하려는 것이다. 즐기며 일하는 사람이 성공한다는 식의 얘기는 이제는 철이 지난 얘기에 불과하다. 창조적으로 일을 효율적으로 하는 사람들이 사회적으로 볼 때 더 좋은 평가를 받을 수 있고 그렇게 할 때 성공할 가능성이 더 높아질 수 있다.

익숙한 혁신

생각해 볼 질문

1. 나 자신은 효율적인 사람인가? 능률적인 사람인가?

2. 자신의 발전을 위해서 그동안 어떤 노력들을 해 왔다고 생각하는가?

3. 시간과 공간을 보다 효율적으로 관리하기 위해 어떤 노력들을 해 왔는가?

너그러움이 감동이 된다

1989년도 어느 가을이었나, 집에 손님이 찾아왔다고 했다. 1980년대 초반에 우리 회사에 근무하던 직원이었다. 사실은 내 돈을 떼 먹고 도망간 직원이었다. 그때는 서로 어려웠기 때문에 돈도 빌려주고 했었는데 어느 날 그만두고 사라져 돈을 못 받고 있었다.

어떻게 찾아왔느냐고 물어봤더니 장가를 가려고 한다는 것이었다. 부인 될 사람과 같이 꼭 나에게 와서 돈에 대한 용서를 빌고 나야 자기가 떳떳하게 결혼을 할 수 있을 것 같아 찾아왔다고 했다. 아닌 밤중에 홍두깨처럼 찾아와서 그런 말을 하니 내가 다른 소리를 할 수가 없어 웃으면서 '그래, 알았다. 네가 이렇게 와 준 것만 해도 고맙다. 그 돈을 안 받아도 지금은 살 수 있으니 부담가지지 말라'고 했다. 아내에게는 귀한 손님들이 왔으니 밥이라도 한 그릇 따뜻하게 대접해 보내자고 했다.

그는 부모님이 일찍 돌아가신 탓에 부모에 대한 사랑, 형제간의 우

익숙한 혁신

애와 사랑 같은 것을 못 느끼고 사는 것 같았다. '형으로서 대접을 해 주고 싶다'는 마음이 들어서 그렇게 대접을 했다. 그 후 그 직원은 사업을 열심히 했다. 철제가구 대리점을 한다고 들은 것 같다. 몇 년 뒤 소문을 들으니 어디로 가고 없어 한동안 소식을 알 수 없었다.

그러다가 어느 날 집에 소포가 배달되었다. 진주에서 온 거였다. 참기름과 고춧가루가 들어 있었다. 메모지가 있어서 살펴보니 그 직원이었다. 사업이 잘 안되어서 고향 진주로 내려가 고추 방앗간을 차렸는데, 자기가 제일 처음 만든 작품을 보낸 것이었다. 거기서 애들 잘 키우고 산다는 소문을 들었다. 그 사람에게 나는 특별한 인연으로 기억되는 사람이있다.

어찌 보면 일상의 너그러움이 그런 인연을 만들었을지 모른다. 나 자신이 너그러운 사람이라는 게 아니라, 스스로 너그러워지기 위해서 노력하자는 것이다. 그런 너그러움은 누군가의 인생에서 감동으로 남는다. 그리고 이런 감동은 또 다른 삶의 보람으로 남는다.

생각해 볼 질문 ....

1. 리더에게 있어 너그러움이 필요한 이유는 무엇인가?

2. 감동을 주는 리더가 되기 위해 필요한 것은 무엇이라고 생각하는가?

3. 스스로 자신이 얼마나 정겹고 감동을 주는 사람이라고 생각하는가?

좌절을 통해서 배워라

우리는 때때로 좌절할지 모른다는 두려움에 발목이 잡혀 어떤 일을 시도조차 하지 않는다. 사실, 세상에 태어나서 좌절했던 경험이 없는 사람은 단 한 사람도 없다. 좌절은 우리 일상 속에서 늘 마주하는 것이다. 좌절은 우리가 쉽게 흥분하거나, 섣부르게 판단할 때 하게 되기도 하고, 스스로가 옳다고 생각하는 고정관념 같은 것에 의해서도 겪게 될 수 있다.

하지만 특정 사건이나 상황 때문에 좌절을 경험하게 된다 하더라도 우린 늘 새롭게 일어서려고 노력해야 한다. 좌절이 우리 자신을 무가치하게 만드는 것은 아니기 때문이다. 큰 성공을 거둔 사람일지라도 밑바닥에서 정상의 위치까지 단숨에 올라간 사람은 아무도 없다. 누구도 탄탄대로를 달리지 못했으며 어느 지점에서는 쓰러지고 좌절을 경험했다.

좌절은 우리가 가지고 있는 신념을 위태롭게 하는 것도 아니다. 신념은 언제나 우리 자신을 빛나게 해주고 바른 사람으로 살아갈 수 있도록 도와주는 가이드이다. 따라서 신념 자체가 문제가 아니라 신념에 대한 판단력이 흐려졌음이 문제라는 것을 알아야 한다. 근본적인 신념을 절망스런 상황이 망칠 수는 없기 때문이다. 그것 때문에 삶이 일어서지 못할 정도로 좌절하는 것이 아니다. 그러니 두려워할 필요가 없다. 좌절은 이따금씩 우리를 스쳐지나가는 에피소드에 불과한 것이다.

만약에 우리가 작게라도 실망한 것에 감정을 그대로 방치한다면 우리는 더 이상 그 무엇도 뛰어넘을 생각을 하지 못할 것이다. 결국 좌절의 의미를 어디에 두는지가 중요하다. 좌절 자체 때문에 무가치해진다거나 나 자신의 능력이 부족하다고 생각할 게 아니다. 거울 삼아 딛고 일어설 수 있는 하나의 도구라고 생각해야 한다.

의기소침하게 하는 마음 상태에 붙잡혀 있지 않으려면 자신의 상황을 제대로 파악할 줄 알아야 한다. 나 자신을 병들게 하는 것은 좌절 그 자체가 아니다. 절망스런 상황 그 자체로 의기소침해지는 나 자신인 것이다.

절망의 상황은 우리가 살아가야 할 기나긴 인생 과정 가운데 하나의 작은 점, 순간에 불과하다. 그리고 그 작은 점에 우리의 감정 전체를 실어서 자신의 감정을 낭비할 필요가 없다. 우리의 삶을 위협하는 것은 뜻하지 않은 절망스런 상황이 아니기 때문이다. 그런 삶의

익숙한 혁신

과정은 어찌 보면 그리 대수롭지 않다. 한동안 나 자신을 할퀴고 지나가는 폭풍에 불과하다. 폭풍이 지나가고 나면 창공은 더 맑고 깨끗해진다.

우리는 힘들고 불편한 상황 가운데 늘어져 있으면서 우연한 변화가 생기길 기대해서는 안 된다. 얼른 털고 일어나서 그 문제를 해결할 수 있어야 한다. 문제가 뭔지를 알아야 해결할 수 있다. 처한 환경을 스스로가 개선해야겠다는 의지만 있다면 우리는 또 한 번 좌절을 경험하더라도 언젠가는 반드시 문제를 해결할 수 있고 성공할 수 있을 것이다.

이 시점에 성공의 정의를 내리자면, 절망과 절망이 더해져서 만들어지는 것이 성공이다. 결국 성공방정식에 빠질 수 없는 것은 '좌절'인 것이다. 좌절이 없이 만들어진 결과물은 '성공'이 아니라 좋은 현상 중의 하나일 뿐이다. 성공은 무언가 공을 만들어내는 것으로, 좋은 결과를 만들어내는 것을 말한다. 그 과정에 절망의 순간은 반드시 필요한 요소일지 모른다.

우리가 계속해서 나 자신의 환경을 바꾸고 문제를 바꾸려는 의지가 확고해진다면 당연히 나 자신은 변화될 수밖에 없다. 좌절의 상처가 너무나도 쓰리고 그것이 하나의 작은 비극이라고 한다면 그 작은 비극은 큰 성공을 만들어낼 것이다.

좌절은 우리를 주저앉게 하거나 소멸시키기 위해 존재하는 것이 아니라 오히려 그것을 통해 성공이라는 것을 배울 수 있는 계기가 된다. 우리는 좌절을 위대한 스승이라고 부른다. 그만큼 그런 쓰라린 상황을 '있을 수 있는 일'로 여긴다면 삶은 보다 다채로워질 것이다. 어쩌면 인생은 고해(苦海)의 바다 속에 처해 있는, 풍랑을 만난 배 한 척과 같다고 할 수 있다.

그 배가 역경을 뛰어넘고 결국 만나게 될 것은 보물섬이다. 가지고 있는 지도대로 간다면, 보물을 발견할 수 있을 거라는 믿음만 가지고 있다면 고통의 바다가 견디지 못할 만큼 큰 좌절이 되지는 않을 것이다. 그렇게 찾게 된 보물은 인생 가운데 그 어느 것에도 비교할 수 없는 짜릿함을 안겨 줄 것이다.

익숙한 혁신

생각해 볼 질문 ··

1. 좌절을 경험했을 때 감정적 어려움을 뛰어넘어야 하는 이유는 무엇인가?

2. 무엇이 우리를 절망하지 않고 살아남게 한다고 생각하는가?

3. 자신에게 있어 다시 힘을 내지 못하도록 막는 장애물은 무엇이라고 생각하는가?

상호 간의 신뢰가 위기를 극복한다

1997년도, IMF의 바람이 우리 회사에도 불어 닥쳤다. 어느 순간 아무도 예상하지 못했는데 우리 앞에 와 있었다. 언급 했던 대로, 1990년도 초반에도 많은 투자가 있었고 이후 걸프전이 일어났다. 곧 이어 제2차 오일쇼크가 터지고 연속된 악재 속에서 국가가 부도난 상태까지 왔었다. 우리 회사의 경우, 물론 어려움이 있긴 했지만 거대한 풍파를 제법 잘 이겨냈다. 위기를 극복하기 위한 예비훈련을 했기 때문에 이런 위기를 아주 쉽게 넘긴 것 아니냐는 평도 있었다.

관리자들의 경우, 낮에는 사무실에서 근무하지만 저녁에는 현장에 나가 인력 부족한 라인에 투입되어 생산 활동도 적극 도왔다. 직원들에게는 '과연 나라가 망하고 회사가 불안하면 내 일자리는 온전할까' 하는 불안감이 있었다. 하지만 회사에서는 우리가 힘을 모아 위기를 극복할 수 있게 노력한다면 절대로 해고나 구조조정은 없다고 하며 직원들을 안심시켰다. 고용보장 선포도 하고 노사가 밤을 새워서 끝장 토론도 해 보았다. 현장에 내려가서 관리사원들이 일도 해 보고

'현장 문제점 제로화' 개선 활동도 했었다.

그러자 긍정적인 성과가 있었다. 그때 당시 우리 회사 정년이 56세였는데 정년을 60세로 연장시켰다. 노조에서도 200% 상여금을 반납하고 임금도 동결하겠다며 고통을 분담했던 것이다. 이런 노력 덕분에 우리 회사에서는 IMF가 기회가 된 것이 아니냐는 생각이 들 정도였다.

그렇게 힘들 때도 우리는 전혀 흔들리지 않았다. 고정비를 줄였고, 고정비를 줄일 수 없으면 변동비로 돌리는 식으로 위기를 극복했다. 위기가 왔을 때 적절히 몸을 움츠리는 방법으로 우린 위기를 극복했다. 이 모든 것들이 노사 간의 믿음과 신뢰로 가능한 것들이었다.

그때 직급은 전무였다. 직원들이 서로가 믿고 극복할 수 있도록 소통과 신뢰가 바탕이 되었기에 상황을 잘 이겨낼 수 있었던 것 아닌가 하는 생각이 든다. 남들에게는 힘든 것이었지만 우리는 이 위기를 기회로 만들어 잘 넘겼다.

모든 것 중에 신뢰가 제일이다. 신뢰는 어려운 때를 이겨내고 똘똘 뭉쳐서 위기를 기회로 만드는 원동력이 된다.

생각해 볼 질문 ....

1. 신뢰가 무엇보다 중요한 이유는 무엇인가?

2. 더 나은 신뢰 관계가 되기 위해 무엇이 필요하다고 생각하는가?

3. 부득이 신뢰가 깨진 경우, 그것을 회복할 수 있는 자신만의 방법이 있는가?

언제나 유연한 다변화를 꿈꿔라

자동차 부품만을 만들던 우리 회사는 코일센터를 운영하기 시작했다. 이것은 스틸 서비스센터라고 할 수 있는데, 물론 일반 대중을 대상으로 한 것은 아니다. 특별히 스틸 철판의 가공을 위해 들어오는 주문을 받아, 맞춤식 제품을 만들어 내는 일을 해 보기로 한 것이었다.

1995~1996년에 현대자동차에서 부품 원자재를 공급해 주는 코일센터를 외주화한다는 계획을 알게 되었다. 그 소식을 듣고 고민을 했다. 그 당시 우리 회사는 철판을 연간 30만 톤 정도 사용하고 있었는데, 이런 설비가 있으면 원가 절감과 생산성 극대화에 유리할 것 같았다. '이런 시스템을 갖춰야겠다' 하고 고민하고 있는 찰나였기에 그 소리를 듣고 귀가 번쩍했다.

다른 회사에서는 생각지도 않고 있는 스틸 서비스 센터를 꼭 설립해야겠다 싶어서 발 빠르게 움직여 자체적으로 설비를 갖추었다. 그러면서 철판 재료를 유통시키는 사업장을 하나 만들었다. 예전에는 '필요한 소재를 잘라 주시오'라고 주문하여 다른 곳에 의지를 했지만 이제는 마음대로 자를 수 있고 원가 절감을 할 수 있는 상황을 만든 것이다. 부품사로부터 국내 최초로 블랭킹 라인 설치를 하게 되었고, 원가 절감은 물론 제조공정의 단순화·일관화를 할 수 있었다. 아주 획기적인 결과를 가져왔다.

원 소재부터 완성품까지 일관된 생산 시스템이 만들어졌다. 현재 는 다른 회사에도 이런 시스템이 일반화가 잘 되어 있지만 그 당시에 는 아무도 생각하지 못했던 아이디어였다. 상당히 창의적인 아이디 어를 적용해 생산효율을 높이는 기회를 만들었다. 다양한 철판 소재 를 확보해 놓고 가공을 해서 다른 업체에 판매하는 판매업을 겸해서 할 수 있었다. 일반 유통판매를 위해 영업에 대한 교육을 톡톡히 받 은 적도 있었다.

1997년 코일센터를 만들고 1998년 말에는 '현대 하이스코'에 협력 하는 냉연 코일센터로 등록했다. 우리 코일센터는 단순 소재만 가공 하는 공장에서 벗어나, 성우만의 고유 부품 용접기술 및 성형기술, 판재를 가공하는 기술을 접목시켜 자체 부품 전문 가공 코일센터로 탈바꿈하게 되었다.

대표적인 기술인 TWB 공법이라든지, 선 용접 후 성형 공법 같은 것들을 자체적으로 적용함으로써 원가절감이나 중량 감량, 조립 품 질 향상, 차체 강성 증대 등의 효과를 탁월하게 거둘 수 있었다.

익숙한 혁신

이로 인해 장영실상도 수상했다. 그 후 회사는 많은 주목을 받게 되었다. '어떻게 원가 경쟁력을 가질 수 있었을까? 어떻게 품질 경쟁력이 있을까? 생산성 경쟁력이 있을까?'와 관련된 문의들이 많은 국내 경쟁사들로부터 몰려왔다. 현대자동차에서 협력업체의 기술을 레벨업하기 위해 협력업체 교류회를 만드는 계기가 되기도 했다.

이 같은 결과들은 현실에 안주하지 않고 유연한 다변화를 꿈꾼 결과였다. 그렇게 우리의 미래는 만들어진다. 현실의 벽을 힘 있게 허물어 가면서 말이다.

생각해 볼 질문

1. 생각의 유연함이 중요한 이유는 무엇인가?

2. 변화를 가능하게 하는 용기를 가지기 위해 지금 나 자신이 해야 할 일은 무엇인가?

3. 현실에 대한 안주가 스스로에게 유익하지 않은 이유는 무엇인가?

다른 이의 마음을 얻어라

인격이라고 하는 것은 사람마다 다르다. 그것이 다른 사람들에게 드러나는 것도 각기 다르다. 사실 인격이라고 하는 것은 쉽게 형성되는 것이 아니다. 오랜 시간 걸쳐 다져지고 형성됐음에도 불구하고 단 몇 초 만에 드러나기도 한다. 어떤 사람과 짧은 시간 대화를 하더라도 그 사람이 어떤 부류의 사람인지를 알 수 있을 정도다.

사람에게는 인격이라는 것 말고 개성이라는 것도 있다. 그것은 다른 사람과 나 자신을 확연하게 구별시켜 주는 자신만의 고유한 특성이라고 할 수 있다. 개성에는 어떤 사람의 관심, 삶을 대하는 자세, 자신이 가지고 있는 능력, 정서적인 특성이 들어가 있다. 이런 것들을 통해서도 우리는 각기 다른 성격을 지니고 살아가는 것을 알 수 있다.

사람들에게 있어서 밝고 명랑함은 호감을 느끼게 만드는 아주 좋은 조건이다. 하지만 여기서 사람들이 눈치 채지 못하고 있는 아주 중요한 사실 하나를 짚고 넘어가려고 한다. 우리는 모두 개성과 인격이 다를 수 있다. 그것은 인정한다. 그렇지만 절대 놓쳐서는 안 될 중요한 점은 사람들이 당신에게 대하는 모습이 실제의 모습이 아닐 수도 있다는 점이다. 상대가 당신을 대할 때 명랑하게 대하더라도 그 사람이 실제로는 침착함을 소유하고 있는 사람일 수도 있다는 말이다.

쉽게 말하자면, 사람은 모든 감정이 얼굴에 나타나게 되어 있다. 화가 나면 얼굴을 찡그리고 즐거우면 미소를 짓는다. 내가 이야기하고자 하는 것은 이것이다. 우리는 이러한 표정을 선택할 수 있다. 그러고 싶지 않아도 때에 따라서 다른 사람에게 밝고 명랑하게 호감 있는 사람으로 비춰질 필요가 있다는 것이다.

얼굴에 가면을 쓰고 살라는 것은 절대 아니다. 우리 얼굴 근육의 선택권을 가질 수 있다는 건 여러 의미가 있을 수 있다. 단순한 포커 페이스나 가식적인 사람이 되라는 게 아니라 상대를 얻기 위해 노력하라는 것이다. 함께 대화하는 상대나 마주하는 상대에게 온전히 최선을 다하는 것은 상대를 속이는 것이 아니라 자신과 맞는 사람을 더 많이 만날 수 있는 기회를 얻기 위한 노력이다.

자신의 표정에 따라 더 많은 사람을 얻을 수 있다는 것을 잊어서는 안 된다. 사람에게는 첫인상이라는 것이 있다. 그것은 처음 만난 사람을 단 몇 초 만에 본능적으로 어떤 사람이라고 단정 짓는 것이다. 그것에 예외인 사람은 없다.

익숙한 혁신

다소 거창하게 말했지만 상대방의 마음을 열기 위해서는 그 사람을 향해 웃어 주고 명랑하고 밝은 모습으로, 예의 바른 행동으로 상대를 존중해 주면 된다. 상대가 물어오거나 요청하는 것들을 기꺼이 받아들일 수 있는 습관을 갖는 것이 중요하다. 그렇게 한다면 어느 누구도 당신에게 마음을 열지 않을 수가 없을 것이다.

상대 마음의 문을 열어서 나와의 관계에 있어서 좀 더 협조적으로 일을 할 수 있다면 충분히 그런 부분도 필요하다. 사람에게는 특유의 성품이 있고 어떤 사람에게는 활달함이나 밝음이 익숙하지 않을 수 있지만, 스스로 좀 더 나은 삶을 위해 의도적인 노력은 필요하다. 그렇게 노력을 기울인다면 삶에서 많은 기회들을 얻을 수 있을 것이다. 더불어 상대방 마음까지도 사로잡을 수 있을 것이다.

어느 가을날에 회장님께서 먼 해외 출장을 다녀오신 뒤 나에게 하신 말씀이 아직도 귓가를 울리고 있다. "사내가 큰일을 하려면 얼굴이 두꺼워야 돼. 내가 오랜만에 출근을 해도 자네 얼굴을 보면 회사의 근황을 알 수 있어."
아직도 나의 부족함을 부끄럽게 생각한다.

생각해 볼 질문 ....

1. 상대의 마음을 얻기 위해 어떤 노력들을 해 보았는가?

2. 진심은 통한다는 말을 믿는가?

3. 더 나은 대인관계를 위해 지금의 나에게 더 필요한 것이 무엇이라고 생각하는가?

본질에 충실하라

평사원에서 시작해 CEO의 자리에 오르기까지 경영에 대한 가장 기본 원칙은 직원들의 마음을 잘 헤아리는 가운데 겸손하면서 성실한 모습으로 열심히 근무에 임하는 것이었다. 한마디로 '본질'과 '기본'에 충실하자는 것이다. 이것이 경영의 기본이다.

노조가 강성이고 노조로 인해 더욱더 힘들어질 때 내가 모범을 보이고 솔선수범하고 겸손해야겠다는 생각을 하게 되었다. 내 자녀가 입사해서 근무하더라도 부끄럽지 않은 회사를 만들자고 생각했다. 궁극적으로 세상 젊은이들이 근무하고 싶은 회사를 만드는 것을 목표로 했다. 신뢰경영, 실천경영만이 노사 간의 단결을 가능하게 하고 이는 곧 생산능력으로 직결되는 것이라 생각한다.

우리 회사는 영업맨이 없다. 우리가 만든 제품의 품질이 곧 영업이다. 품질이 좋으면 그것이 영업이고 고객은 품질을 믿고 신뢰하고 구매하기에 품질은 곧 우리의 자존심이다. 그래서 우린 영업맨이 필요

없다. 제품 들고 가서 선전할 필요가 없는 것이다. 전 사원이 영업을 한다. 내가 만드는 공정의 물건을 내가 책임지면 되는 것이다.

매년 노사 협정에서 무리한 요구를 하더라도 다른 회사가 망해도 우리 회사는 망하면 안 되지 않겠느냐며 설득을 했다. 우리 자녀가 들어와서 근무하고 싶은 회사를 만들자고 설득을 했다. 내 발등, 코 앞에 있는 이익만 챙기는 것이 아니라 회사의 미래와 가정의 미래, 자녀의 미래를 생각한다면 노사 모두가 의견을 조율할 수 있을 것이다. 그렇게 국가의 미래를 생각하는 것이 어쩌면 경영을 하는 사람들의 의무와 책임이 아니겠는가?

생각해 볼 질문 ....

1. 리더로서 가장 필요한 것이 무엇이라고 생각하는가?

2. 혁신이나 변화를 위해 기본에 충실해야 한다는 것에 동의하는가?

3. '겸손'과 '성실'은 변화를 받아들이는 데 어떤 역할을 하는가?

첫 경험을 잘 살려라

1998년도 무렵, 해외진출을 하기 시작했다. 인도 진출을 하려 했는데, 해외공장 진출이라는 것이 아주 생소했다. 전자제품에서는 더러 진출했지만 자동차 부품은 그런 기회가 없었기 때문에 현대자동차가 나갈 때 동반진출을 하게 되었다.

인도 공장 설립 사업 검토를 하기 위해 인도에 가게 되었다. 당시에 인도에 어떻게 진출을 해야 하는지 잘 모르던 시절이라 상당한 불안감이 있었다. 게다가 IMF 중에 시도하는 일이기에 독자 회사를 하기는 곤란하고 합작 회사를 해야겠다는 생각이었다.

인도에 나가기 전에 KOTRA에 가서 인도에 사업을 하려면 뭘 조심하고 어떤 것을 해야 할지 조언을 구했다. 지금 기억나는 것은 인도에 가서 밤에 산길을 걷다가 인도 상인하고 코브라를 만나거든 코브라 쪽으로 피하라는 말을 들었다. 그만큼 힘들다는 이야기였다. 그 다음 물을 조심하라는 말도 들었다. 풍토와 문화가 안 맞아 힘들 거

익숙한 혁신

라고 했다.

그런 이야기를 들었던지라, 인천공항에서 생수를 50병을 사서 캐리어에 끌고 나갔다. 우린 백지 수준 정도로 해외사정을 잘 몰랐다. 뉴델리에 도착해 공항에서 입국심사를 받고 나갔는데 전쟁이 난 줄 알았다. 택시를 타는 승강장에 도착했는데 사람들 소리가 와글와글 했다.

왜 그런가 보니 외국 사람들 물건을 서로 운반해 주려고 쟁탈전을 벌이고 있었다. 인도의 첫 인상? 아직까지 멀었구나 하는 생각이 들었다. 차를 타고 출발을 하는데 귀가 아플 정도로 경적 소리가 났다. 선진국으로 갈수록 경적 소리가 적은 편이긴 했다. 교통문화 질서도 많이 다르구나 하는 생각을 새삼 하게 되었다.

2주간 인도를 쭉 돌면서 살펴보았는데, 차를 타고 가다가 신호를 받아 차가 멈춰서면 밖을 못 볼 정도로 아이들이 우루루 달라붙었다. 돈을 달라는 것이었다. 무심코 주머니에 있는 동전을 주면 그 순간 2배가 넘는 아이들이 뛰어왔다. 길가에 야자수 나뭇잎 같은 것으로 움막을 쳐 놓고 생활하는 모습도 보았고, 신발도 거의 안 신고 맨발로 다니는 사람들이 태반이었다. 2주 동안 내 얼굴이 나도 모르게 찡그러져 있을 정도로 낙후되어 있었다. 이런 곳에 우리 공장을 짓는다? 약간 의문이 드는 순간이었다.

자동차 정비공장이라고 하는 곳이 있었는데, 모래가 폭신폭신 날리는 곳에서 엔진을 내리고 차를 수리하는 걸 봤다. 한숨이 나는 상황이기도 했지만, 한편 돌이켜 보면 이런 곳이니까 우리에게 기회가 올 수 있다는 생각이 들게 되었다.

물론 영국의 식민지 지배를 많이 받았으니 상류층의 모습은 달랐다. 호텔에 들어가니 그래도 아주 상냥하게 직원들이 맞아 안내해 줬다. 길가에서 만났던 어린 아이들 모습하고는 너무 대조적이었다.

좀 쉬려고 하는 저녁 시간에 피리 부는 소리가 들렸다. 인도 전통 혼례를 하고 있었다. 신랑이 마차를 타고 입장을 하고 박수치고 노래를 하는 활동적인 모습이었다. 인도 사람들은 함께 있는 동안 우리를 잘 대해 주었다. 짧은 기간이었지만 인도의 여러 가지 문화를 접해 보는 기회가 되었다.

하지만 우린 관광을 온 사람들은 아니었다. 해외 전진 기지를 만드는 '첫 경험'을 하고 있었던 것이다. 한국으로 돌아온 뒤, 인도 현지의 연수생을 선발해서 한국에 데려와 교육을 시켰다. 그 와중에 놀라운 것을 발견했다. 어떤 친구가 늘 어두운 얼굴로 있어 이유가 뭐냐고 묻자 자기는 상위계급인데 내가 어떻게 청소를 하느냐는 것이었다. 인도의 카스트제도 때문이었다. 자신은 작업을 하지만 청소는 '내가 왜 해'라는 식이었다. 이 정도로 우리와 너무나 달랐다.

그걸 우리가 제대로 배우며, 인도 현지공장을 운영할 때도 그런 제도를 적용해 줘야 한다고 생각했다. 한 번은 두 사람에게 숙소를 같이 줬는데 같이 안 잤다. 상위 계급인 사람이 저 안에 앉아 있으면 하위 계급인 사람은 문 쪽이나 복도에 있었다. 하위 계급인 사람이 커피를 타서 손에 받친 뒤 엉금엉금 기어서 상위 계급에게 갖다 줬다. 회사에서 그런 것도 모르고 무엇이든 시도했었다.

인도 현지와의 '첫 만남'은 그렇게 인상적인 그림들이 그려지고 있었다. 그렇게나 첫 경험이 강렬했던지라, 우린 이후 세계 다른 곳에 우리의 전진 기지를 만들 때 비교적 원활하게 일들을 치를 수 있었다. 우리의 모든 일들이 그렇다. 처음 시도 되는 것들의 기억과 추억들을 소중히 여길 필요가 있다. 그것은 인생의 뼈와 살이 되는 매우 소중한 보석이다.

생각해 볼 질문 ·······································

1. 자신에게 있어 가장 인상적인 첫 경험은 무엇이었는가?

2. 삶을 살아감에 있어 경험이 그토록 중요한 이유는 무엇인가?

3. 지식과 경험은 어떤 차이가 있는가?

익숙한 혁신

실행부터 먼저 하라,
때로는 동기가 나중에 생길 수 있다

보통은 일반적으로 어떤 일을 하기 위해서는 동기가 있어야 한다고 생각하기 쉽다. 사람들은 동기부여를 하기 위해 평소 하지 않던 행동을 한다거나 다른 것으로부터 그 동력을 찾으려고 노력한다. 그래서 자신에게 동기를 고취시키기 위한 또 다른 행동을 찾기도 한다. 그런데 이것부터가 오류이다. 이건 참 번거로운 일이다.

그럼 어떻게 해야 동기가 생기는 것일까? 나는 이렇게 말하고 싶다. "어떤 일을 적극적으로 해야겠다는 생각이 들 때까지 기다리지 마라. 필요성이 느껴지면 행동부터 하라"고 말이다. 일단, 생각이 아닌 행동부터 하게 되면 자연스럽게 동기 부여가 되는 것을 알 수 있다. 동기가 부여된 후에 움직일 수 있는 것이 아니라 움직여야 동기가 부여된다는 말이다. 생각을 기다리는 것은 스스로가 한 발짝 늦게 움직이게 만들고 성공을 막는 요소가 될 수 있다. 그러니 먼저 행동을 해야 한다.

때로는 이런 경우가 있다. 해야 할 일이 있는데 하기 싫은 경우 말이다. 이럴 땐 몸도 움직여지지 않는다. 누구에게나 있을 수 있다. 비단 게을러서라기보다 누구에게나 있을 수 있는 경우다. 그럴 땐 다른 생각을 하지 말고 우선 시작을 하면 된다. 행동하는 그 자체가 동기가 되어 시작하기를 잘 했다는 생각과 함께 점점 더 적극적인 태도로 임하게 될 것이다. 적극적인 자세는 자신의 이미지도 극적으로 바꿔놓을 것이다. 달라진 행동패턴으로 사람들에게 좋은 이미지도 얻을 수 있다. 일단 시작을 하면 자신감이 솟고 적극적이게 된다.

그렇게 시작하고 나면 점점 더 큰 목표를 세우기 시작한다. 한 번, 두 번 반복하다 보면 낙관적인 생각이 든다. 그렇게 소극적인 생각은 당신 자신으로부터 떠나게 되어 있다. 적극적인 사고의 소유자가 되는 것이다. 자부심도 생길 것이고 동시에 겸손한 자세가 생길 것이다.

어쩌면 너무 섣부르게 못 한다고 단정 지었음을 알게 될 것이다. 시도를 해 보지도 않고 말이다. 강조하고 싶은 것은 행동을 하기 위해 동기가 필요한 게 아니라 행동을 한 다음에 동기가 찾아온다는 것이다. 이것이 성공한 사람들과 그렇지 못한 사람들의 차이다. 자신이 스스로 적극적으로 행동해야겠다는 생각이 생겨서 시작하는 사람은 별로 없다.

내면의 핑계인 경우가 있다면, 일단 시작하라. 그 핑계라고 생각했던 정당한 생각이 사라질 것이다. '적극적으로 행동해야지'라고 마음이 동할 때까지 기다리지 마라. 일단 행동을 먼저 해야 한다. 분명하기를 잘했다는 생각에 뿌듯함이 몰려올 것이다. 이것이 바로 우리가 일상생활에서 책임을 완수할 수 있는 방법이다. 그리고 그 순간 인생은 도약하고 발전해 나갈 수 있다.

나 자신을 끌어당기는 확실한 느낌이 들 때까지 기다릴 필요가 없다. 첫발을 내딛는 게 중요하다. 그 다음 스텝은 다음에 생각해도 된다. 성공하길 원한다면 동기에 의해서 움직이지 말고 동기를 휘어잡을 생각을 해야 한다. 그러기 위해 먼저 실행해야 한다.

인생을 후회 속에 살 것인지, 앞서갈 것인지는 바로 이 간단한 차이에서 결정된다.

생각해 볼 질문

1. 어떤 일을 일단 진행하다 보니 나중에 동기가 생겼던 적이 있는가?

2. 얼른 결단하고 빠르게 실행으로 옮기는 것의 장점은 무엇이라고 생각하는가?

3. 동기를 만들어 내는 내면의 계기는 무엇에 의해 생기는가?

현재를 통해 미래를 살다

1998년 무렵부터 해외 진출을 모색하게 되었다. 자연히 국내외에서 자동차 부품사로서의 경쟁력을 갖추는 것이 급선무였다. 그러기 위해서는 이 분야의 선진 기술을 가진 일본에 가서 뭔가를 배워 와야 했다. 2000년 10월에 알루미늄 범퍼 제작에 대해 배우려고 일본 선진업체들을 방문했다. 일본은 당시 불황기에 빠져 시장이 매우 침체되어 있었다.

지금 일본이 이렇게 어렵다면 앞으로 10년 뒤의 한국도 위기가 올 것이 뻔했다. 그럼 이 사람들이 지금 어떻게 하고 있는지를 보고 우리의 10년 뒤도 대비를 하는 것이 필요하다는 생각이 들었다. 다들 어렵다고 하지만 이 사람들은 철저히 기본을 바탕으로 원칙적으로 자신들의 사업을 진행한다는 것을 알게 되었다. 우리가 볼 때는 느린 것 같아도 아주 시행착오가 적으며, 결과적으로는 정확하고 빠른 방법이 될 수도 있는 것이었다. 뭔가 확실하게 맞춰지는 그런 부분에 차이가 있었다.

일본의 알루미늄 범퍼 업체에서 말하는 알루미늄 장점과 단점을 철저히 분석하며 많은 것을 느낄 수 있었다. 우리는 생각도 안 했지만 일본은 차를 15년 뒤 폐차할 때 부품을 어떻게 할 것인지에 대한 고민을 하고 있었다. 그들은 알루미늄 범퍼의 재활용까지도 생각을 하는 걸 보고 참 다르구나 하는 걸 느꼈다. 선진 국가의 환경문제에 대한 고민은 나로서는 놀라운 부분이었다.

알루미늄 소재에 대한 판넬 생산 준비, 성형, 초저압 용접, 접합 과정을 견학하며 우리는 아직 근접도 못한 공법을 보게 되었다. '고베 알루미늄'이란 메이커가 알루미늄 생산업체로는 최적의 조건을 가지고 있다는 생각도 하게 되었다. 그 당시 일본의 현실을 통해 우리의 10~15년 뒤의 미래를 예측할 수 있었다. 이는 우리의 비전을 설정하는 데도 많은 도움이 되었다.

우리 자체의 시행착오를 최소화시키고 일본의 부품기술을 따라갈 수 있도록 리스크를 줄여 나갈 수 있겠다는 생각이 들었다. 한편으로는 알루미늄의 가격이 엄청 비싸서 그게 단점인데 그래도 전 세계적으로 알루미늄의 적용이 많이 늘어날 것이라는 것을 예측할 수 있었던 것이다. 실제 최근에 와서는 알루미늄이 많이 확대 적용되고 있다.

알루미늄의 비중이 철의 2.5분의 1밖에 안되기 때문에 차량을 경량화 시키는 데 아주 좋은 효과가 있다. 가격이 비싸지만 여러 가지 장점을 유추하여 일본에서는 미리 적용하고 있었던 것이다. 미래 지

익숙한 혁신

향적으로 관점을 바꾸는 일본 기업들의 모습들에 비할 때, 우리는 하루하루 부품 공급하기에 바빴다. 나 자신을 되돌아보며 부끄러움을 느꼈다. 그러면서 '나도 공부를 해야겠다. 그냥 지나가서는 안 되겠다' 하는 마음에 아무도 모르게 나 혼자 야간 대학원 공부를 시작하는 계기가 되었다.

"철판 자르는 데 뭐 중요한 게 있겠어?" 단순하게 생각했는데 심지어 일본은 거기에도 품질 관리를 하고 있었다. 일반적인 원자재 절단도 그냥 하지 않았다. 절단하는 칼날의 교환주기를 표준화하는 설정이라든지, 소재의 표면에 대한 홉집을 제거하는 방법, 소재 절단의 평단도, 직각도 문제를 아주 철저하게 관리하고 있었다.

모든 것들이 부끄러움을 느끼게 하는 연속이었다. 우리는 언제까지 대충대충 하는 안일한 생각을 가지고 있을 것인가? 작은 것부터 하나씩 표준관리를 해서 머지않아 일본을 따라잡아야겠다는 생각을 하게 되었다.

현재 보고 듣는 것들을 통해 미래를 바꾸는 일을 한다면 우린 미래를 살고 있는 것이 될 것이다. 노력하고 절제하는 것이 쉽지 않을 수 있겠지만, 우리는 노력을 통해 더 나은 미래를 바라보고 있는 것이다. 미래는 아주 멀리 있는 것이 아닐지도 모른다. 오늘의 노력으로 더 나은 미래가 만들어질 수 있으니 말이다.

생각해 볼 질문

1. 미래를 염두에 둔 현재를 살아야 하는 이유는 무엇인가?

2. 무엇이 우리의 미래를 결정한다고 생각하는가?

3. 보다 나은 미래를 위해 자신이 지금 해야 할 일은 무엇이라고 생각하는가?

때론 눈물이 삶을 흔들 때도 있다

2003년 무렵 아내가 간암 판정을 받게 되었다. 그때 당시까지는 아프다고 하면 병원에 가보라고 하면서 회사 일에만 신경을 썼다. 아내역시 내가 회사 일로 바쁘기 때문에 어지간하면 그냥 넘기곤 했다. 그러다 담도간암이라는 게 발견된 것이다.

서울의 큰 병원에서 진단을 받았다. 1년 밖에 살 수 없다는 결과를 들었다. 그 뒤로 1년 6개월간 직접 간병을 하게 되었다. 간병 기간 중에 8개월을 병원에서 출퇴근하며 고통을 같이했다. 퇴근 후 학교 수업과 병간호를 병행하게 되어 극도로 힘든 생활을 보내게 되었다.

그러다 보니 회사 업무에 충실하지 못했고, 근무 평가 결과 연봉이 깎였다. 그래도 아내는 의사가 예측했던 1년이라는 시간보다 6개월을 더 버티어 주었다. 아들이 엄마 장례를 치르면서 "아버지는 왜 눈물을 안 흘리세요?"라고 물었다. 그래서 "야 이놈아! 죽고 눈물 흘리면 뭐하노. 살아있을 때 최선을 다 해야지"라고 말했다. 왜 안타깝지 않고 슬프지 않았겠는가? 나는 무척이나 힘들고 슬픈 시간을 보내고 있었다.

아내가 건강할 때 최선을 다하지 못한 것에 대한 죄책감이 있었다. 그래서 1년 6개월 동안 병원에서 출퇴근하고 아내 곁에서 떠나지 않았던 것이다. 아들에게는 "너는 어머니 아플 때 옆에서 몇 번이나 자 봤어?"라고 물으며 "나는 그때 다 눈물 흘렸다. 지금 눈물 흘릴게 없다"고 이야기해 주었다. 정말이지 너무 슬프면 눈물이 나오지 않는 것인가 보다.

날짜로 보면 아내는 2003년 4월 25일에 수술을 받았고, 부산 병원으로 옮겨 6월 15일부터 근 1년간을 병원에서 지내다가 2004년 6월 25일에 세상을 떠났다. 수술이 진행될 때부터 1년 2개월 정도의 시간이었다. 아내를 다시 일으켜 세우려 나름 최선을 다해 노력했다.

당시 노트에는 이렇게 적혀 있다.

2004년 5월 10일
병원에 항암치료 차 갔으나 헤모글로빈 수치가 낮아 수혈 대기중이었다. 열이 39.2℃까지 올랐다. 삶이 무엇인지 인간의 육체가 무엇인지 너무나 순간 순간 변하는 것에 놀라고 있다. 수혈을 저녁 8시 30분에 받고 힘없이 집으로 오며 아내는 각혈을 두 번이나 했다. 가엾은 당신, 고통이 없도록 도와주고 싶소.

익숙한 혁신

5월 13일

새벽 3시 30분경에 각혈로 무척 놀랐다. 점점 가까워지는 것 같다. 아침에 병원으로 가는 중에 2차 각혈로 너무 당황을 했다. 아 너무 무섭다. 그 순간에는 저 파란 나무는 짜면 녹즙이 줄줄 흘러나올 것 같은 싱싱함이 있는데 어떻게 저 사람은 짜면 물 한 방울 안 나올 것 같은 피곤과 괴로움에 젖어 있을까 그런 생각을 수도 없이 했다. 그래서 어떻게든지 이 사람을 살려야겠다는 생각을 했는데 안 되는 것은 무슨 이유인가.

새삼스레 지난 메모를 들추는 게 조금 멋쩍은 느낌이 들기도 하지만, 어쨌거나 안타까운 일이었다. 가족이 얼마나 중요한 건지도 또 느끼고 깊이 깨닫고 있는 중이었다. 인생을 살아가면서 좋은 일만 있는 것은 물론 아니다. 힘들 때에 어떻게 극복할 것인지 생각해야 할 시점이었다. 그렇게 아내의 장례를 치르며 내 생의 전반부가 마무리되었다.

가끔 사람은 흔들린다. 삶의 회로애락을 경험하면서 이전에는 잘 몰랐던 새로운 경험을 겪게 되기도 하고, 전혀 의도하지 않았던 슬픔과 마주하게 되기도 한다. 하지만, 장시간 흔들리게 되더라도 좌절하지 말아야 한다. 우리의 삶은 계속되어야 하고 우릴 지켜보고 있는 사랑하는 사람들도 그걸 원하기 때문이다. 꿋꿋함을 지키며 삶을 살아가다 보면, 우린 삶의 정점에 서서 참으로 만족스럽다는 생각을 하게 될 날에 이르게 될 것이다. 난 그걸 믿는다.

생각해 볼 질문

1. 살면서 가장 쓰라린 경험은 무엇이었는가?

2. 슬픔과 고통을 이기기 위해 어떤 노력을 하였는가?

3. 갑작스런 그늘이 삶에 찾아올 때 당황하지 않고 새로운 용기를 가지려면 어떻게 해야 할까?

진정한 용기란 무엇인가

흔히들 말하기를 두려움이 없으면 용기 있는 사람이라고 한다. 그래서 주변에 어떤 기정사실들을 잘 감당할 수 있는 사람, 또는 자신이 느끼는 것에 대해서 감정에 휘둘리지 않는 사람들을 용기 있는 사람이라고 생각하기 쉽다. 하지만 그게 사실일까? 두려워하는 게 없는 것은 용기가 아니다. 그건 그저 둔감한 것이다. 그건 그냥 무서움이나 두려움이 없는 것일 뿐이다.

그렇다면 용기는 무엇일까? 나는 진정한 용기란, 두렵고 무서운 상황임에도 그것을 뛰어 넘는 것이라고 생각한다. 우리를 두렵게 하는 요소는 여러 가지가 있다. 내일에 대한 염려, 한 달 후에 대한 염려, 불확실한 미래에 대한 염려가 나 자신을 두렵게 만든다. 또한 우리는 일, 결혼 등 여러 가지 염려 속에 살아간다. 하지만 그런 두려움을 갖는 것에 대해 스스로를 탓하면 안 된다. 어쩌면 당연한 것이다. 이러한 것들을 뛰어 넘기 위해 적극적으로 노력하는 것이야말로 진정한 용기이다.

있을 수 있는 상황에 대해 자신 말고 다른 이들도 그럴 수 있음을 마음으로부터 인정하고 다른 사람들이 그런 상황들을 극복해 나가는 사람들이 있기 때문에 나 역시도 그렇게 할 수 있다고 믿어야 한다. 자신의 감정에 대해서 자연스러운 느낌을 가져야 한다는 것이다. 바꿔 말하면 자신에게 있을 수 있는 두려움을 자연스럽게 받아들일 수 있어야 한다는 말이다.

극복할 때도 자신의 필요성을 느끼고 극복해 나가는 사람이 되어야 한다. 어떤 순간에도 자신을 부정하면 안 된다. 스스로를 이상한 사람 취급하면 안 된다. 뭔가를 임시방편으로 삼아 극복하는 것으로 인생이 행복해지지는 않는다. 나 자신의 부족한 점을 인정했을 때, 주변에서 나에게 주는 충고에 귀를 기울일 때, 자신이 가지고 있는 두려움과 미래에 대한 염려로부터 벗어날 수 있는 힘을 가질 수 있게 된다.

두려움이나 염려가 나쁜 것만은 아니다. 때때로 우리는 삶을 살아가면서 쓰러질 수도 있다. 돌부리에 걸려 넘어질 수도 있다. 하지만 중요한 건 그것을 발판으로 훨씬 더 넓고 높은 곳으로 힘차게 나아가는 것이다. 용기는 아주 뛰어나거나 대단한 사람만이 가질 수 있는 것은 아니다. 모든 사람이 용기 있는 사람이 될 수 있고 누구에게나 용기를 줄 수 있는 사람이 될 수 있다.

다만 그것을 이상한 눈으로 바라봐서 극복을 못 하는 것은 여러모

익숙한 혁신

로 유익하지 않다. 우리가 우리 자신에 대해 가지게 될 여러 가지 감정의 기복, 흐름 자체를 더 자연스럽게 받아들일 수 있는 의연한 자세가 필요하다. 극복해 나가려는 능동적인 노력이야말로 진정한 용기이다.

생각해 볼 질문

1. 살면서 용기가 필요했던 어떤 순간들이 있는가?

2. 어려울 때 용기를 내기 위해서는 무엇이 필요하다고 생각하는가?

3. 나는 용기 있는 사람일까?

Part 4

책임지는 사람이
결국 리더가 된다

가치관이 미래를 만든다

시간을 조금 거꾸로 돌려, 2002년 신년 워크숍 때 이야기이다. '목표이익과 원가절감 관리방안을 주제로 기업이 가지고 있는 문화와 가치관을 접목시켜야 발전할 수 있다는 것이 주요 내용이었다. 워크숍을 정리하면서 메모했던 쪽지를 얼마 전 발견했다.

위대한 발전을 위해서는 변화의 과정이 필수다. 구성원은 헌신과 인내가 필요하며 스스로 변화의 필요성을 인식해야 하며 막연한 희망을 갖지 말아야 한다. 리더의 가치관에 동조하지 않는 구성원은 과감히 퇴출되어야 할 것이며, 기업의 문화와 목표를 향한 **가치관이 결여된 구성원은 살아남을 수 없을 것이다.** 즉, 가치관이 결여된 상태로 목표달성을 하여서는 장기적으로는 조직의 역량에 해를 끼치게 될 것이다. 그러므로 우리 조직 구성원들은 기본을 철저히 지키며 자기관리를 잘해야 하며 요령 있게 일해야 한다. 또한 우리의 미래는 노력의 결과로 만들어질 것이며 우리의 기술은 고객을 만들어 가는 지름길일 것이다. 기업은 과거와 현재의 성공에 안주하거나 매너리즘에 빠져서는 안 된다.

익숙한 혁신

'가치관이 결여된 구성원은 살아남을 수 없을 것이다'라는 말이 눈에 들어온다. 나는 두려운 것이 하나 있었다. 그것은 회사 살림살이에 관련된 모든 악역은 내가 다 담당해야 한다는 것이었다. 가치관의 중요성을 일깨우며 사원들에게 잔소리를 해야 하는 사람도 바로 나였다.

각설하고, 가치관이 얼마나 자신의 삶을 바꿀 수 있는지를 설명해 보려고 한다. 세 사람이 한 장소에서 함께 일하며 돌을 캐고 있었다. 건축 청부업자는 그 중 단 한 사람을 고용할 참이었다. 한 사람에게 다가가 '무얼 하느냐' 물었더니 "돌을 캐고 있어요" 하고 대답했다. 다음 사람에게도 같은 질문을 했다. "나는 집을 지을 돌을 캐고 있어요"라고 했다. 세 번째 사람에게도 물었다. "나는 성당을 짓고 있어요"라고 대답했다. 업사는 바로 이 마지막 사람을 고용했다.

단순히 돌을 캐거나, 무작정 일로서 집을 짓기 위한 돌을 캐는 것이 아니라, 자신이 하고 있는 일의 가치를 늘 염두에 두고 있는 사람… 이런 사람이야말로 세상을 바꿀 수 있는 사람이라고 나는 생각한다. 가치관의 차이는 발전에 있어 큰 역할을 한다. 어떤 단순한 일을 하지만 그 일의 결과물을 큰 가치로 보는 사람, 바로 이런 사람이 사회에는 필요하다. 성당을 짓고 있는 것에 일조한다는 생각을 가진 사람에게 세상은 다른 모습일 수밖에 없다. 그 사람의 자세나 인생의 작품을 대하는 마음가짐은 다른 사람과는 비교가 안 된다. 그는 자기가 하고 있는 일의 가치에 집중할 수 있는 사람이다.

한편으로 자신이 가지고 있는 그런 가치관에 의거해서 상대방에게 분명하게 의사표현을 하는 노력도 중요하다. 상대방의 부탁을 거절할 때 상대방의 생각을 강하게 부정하거나 거칠게 상황에 임할 필요는 없다. 상대를 불쾌하게 만들지 않으면서도 분명하고 직접적으로 자기 의사를 표현하는 게 중요하다.

가령 외판원이 좋은 물건이 있으니 저렴하게 주겠다며 구입을 재촉할 때를 생각해 보자. 돈은 있지만 사고 싶은 마음은 없을 수 있다. 소극적인 사람은 머뭇거리다가 "저 돈이 없어요" 하고 대답을 한다. 하지만 그 말 한 마디에 돌아설 외판원은 없다. 그런 사항에 대한 대처법이 이미 그의 고객 대처 매뉴얼에 나와 있을 것이다. "지금 돈을 내라는 게 아닙니다. 우선 1주일간 무료로 사용할 기회를 드릴 테니 연락처만 알려 주십시오" 하며 계속 접근을 해올 것이 뻔하다. 그렇다고 "바쁜 사람 붙잡고 왜 이러느냐"고 공격적으로 말한다면 "사기 싫으면 그만이지 왜 말을 그렇게 하냐"고 화를 내며 미안한 마음이 들게 해서 결국 사게 만들 것이다.

이럴 때 가장 간단한 방법은 "저는 사고 싶지 않습니다"라고 대답하는 것이다. 불필요한 설명을 붙이거나 상대방을 설득시키지 않아도 된다. 가치관에 따라 살고 무조건 예스맨은 되지 말자는 생각이 든다.

가치관은 사람을 만들고 삶의 의미를 부여한다. 그러하기에 그 가치관은 사람을 살아있게 한다. 그런 면에서 보면 가치관은 미래이다.

익숙한 혁신

현재를 살아있게 하는 원동력이기도 하지만, 미래를 계획하고 삶의 틀을 잡게 해 주기 때문이다. 우리 모두에게는, 나를 붙들어 주는 그 가치관이 절실히 필요하다.

생각해 볼 질문 ....

1. 가치관이 삶에 있어 그렇게나 중요한 이유는 무엇인가?

2. 나 자신은 다가오는 상황들을 수동적으로 맞이하는 사람인가? 아니면 가치관에 따라 주도적으로 결정하는가?

3. 왜 가치관이 있는 사람의 삶은 다를 수밖에 없다고 생각하는가?

우직함도 좋지만,
아이디어로 승부하라

IMF사태가 터진 1997년에도 우리 회사는 상황을 아주 여유롭게 넘겼다. 그 원인이 되는 특별한 일이 있었다. 1989년에 서울에 있는 대우자동차 본사를 찾아간 일이 있었다. 창원에서 생산하는 차종들을 개발하는 팀을 찾아갔다. 아무도 아는 사람 없고, 일면식 없는 사람이 용기 있게 그곳을 찾아간 것이다.

본사를 간 이유는 대우자동차 창원공장 거래를 희망하기 때문이었다. 대우자동차는 티코를 생산하고 있었고, 라보와 다마스를 추가적으로 개발하고 있다는 정보를 들었다. 신차 부품개발업체를 선정 중에 있다는 얘기를 듣고 부리나케 내달렸던 게 그곳을 찾게 된 원인이었다. 보유 장비는 사진 찍고 조직도는 직접 그려서 두툼한 앨범 형식으로 회사 소개서를 만들어 그곳을 찾아간 것이다. 잡상인이 보따리 장사를 하는 식으로.

담당자를 만나 이야기 중에 약간의 오해를 하고 있는 부분이 있었다. 우리 회사가 현대자동차 그룹과 관계 있는 성우그룹인 줄 알고 있었다는 것이다. 현대자동차의 가족회사라고 생각하고 우리에게는 같이 일하자는 코멘트를 안 했다고 했다. 현대가 경쟁사이니 말이다. 어쨌건 우리는 그 자리에서 꼭 거래를 하고 싶다는 희망을 이야기했다. 결국 대우 신차개발팀에 첫 거래를 성사시켰다.

그날을 돌이켜 보자면, 기존 우리 거래 업체하고는 여러 가지로 차이가 있었다. 일하는 스타일도 달랐다. 그들과 마주하는 첫 날, 곧바로 담당자가 임원실로 나를 안내했다. 우리 회사에 대한 소개를 나름대로 최선을 다했다. "당신들의 물건에 대해서 책임질 자신이 있다"고 당차게 말했다. 그 임원이 듣고 한참을 생각하는 것 같았다. 정적이 이어지면서 긴장되는 순간이었다.

잠시 후, 임원 분께서 담당자에게 이런 좋은 회사가 있는데 왜 몰랐냐고 물었다. '아! 이제 살았구나' 하는 생각이 들었다. 서울에 올라갈 때는 멀고 힘들게 느껴졌는데 내려올 때는 가벼운 마음으로 내려왔다. 뭐든 간에 해 보지도 않고 '안 될 것이다'라는 핑계만 대는 것이 문제라는 것을 느끼면서 돌아왔다.

대우와의 일을 성사시켜 보자는 것은 하나의 '아이디어'였다. 그 아이디어를 실행에 옮기자 엄청난 일이 우리에게 생긴 것이다. 그동안 도전하지 않았던 것 자체가 부끄럽게 느껴지는 순간이었다. 이후 우

익숙한 혁신

리는 적극적으로 개발 검토를 하고 견적을 제출하면서 개발 착수 승인을 받게 되었다.

그 계약금이 10억이었다. 10억짜리 김우중 회장의 직인을 받아들고 회사로 복귀했다. 도착하자 회장님께서 "김우중 회장 존함이 찍힌 어음을 한 번 보자"고 말하셨다. 그렇게 우리의 '살길'이 열리고 있었다. 생산에 들어가자 처음에는 잘 안 팔렸지만 IMF 여파 덕분에 라보, 다마스 같은 경차들이 히트를 치면서 곧 안정을 찾았다.

대우자동차 창원공장은 추석과 설 명절 오전에만 휴무를 하고 1년 내내 가동되었다. 우리 회사가 대우 창원공장과 거래하기 위해 했던 일들이 맞아떨어진 것이다. 경쟁사와 거래를 하게 됨으로써 우리는 현대 자동차에 더욱 앞서는 선도 회사가 될 수 있도록 노력을 하게 되었다.

IMF가 터진 이후, 현대는 우리 회사를 자금적으로 걱정하지 않았다. 의외로 우리 같은 협력업체는 유연성이 있어서 안전할 것이라 걱정을 덜게 한 것이었다. 실제로도 다른 협력사들은 중도금 달라, 돈 빌려 달라 아우성인데 우리는 공장을 풀로 가동하며 외환 위기의 거친 바람에도 그런 문제가 없었다.

그러한 경험을 하고 나니, 거래의 다변화, 제품의 다양화가 위기 대응에 아주 큰 힘을 발휘할 수 있다는 것을 느꼈다. 이 역시 '아이디어'

인 것이다. 나중에 현대에서도 어느 정도 우리의 활동을 묵인했다. 창원 대우자동차와 거래하는 것을 통해서 우리는 IMF의 위기를 큰 무리 없이 잘 극복했다. 지금도 기업의 경영에 있어서는 그런 생각을 하는 것이 경영자 마인드로 필요하지 않나 생각한다.

개인 살림도 그렇다. 오늘 어떤 투자를 하더라도 '올인'을 하면 안 된다고 생각한다. 분산도 해야 하고 나름 전략도 짜야 한다. 그래야 나중에 손발이 고생을 안 한다. 그런 것을 생각해보면 우리는 어려움을 잘 극복한 것이었다. 초기에는 잘 안 팔려서 애를 먹었지만 경기가 침체되어 소비 패턴이 바뀌면서, 중·대형차들이 안 팔리고 소형차·경차가 잘 팔려 효자 노릇을 했던 것이다.

사람에게는 살아가기 위한 나름의 지혜가 필요하다. 그 지혜는 바로 아이디어와 연결된다. 아이디어를 캐내기 위해 머리를 맞대면 헤쳐 나가지 못할 어려움은 없다. 모진 풍파를 견뎌낼 대비책을 세울 시점은 바로 지금인 것이다.

익숙한 혁신

생각해 볼 질문 ··

1. 성실함에 더불어 아이디어가 비즈니스에 중요한 이유는 무엇인가?

2. 아이디어를 얻기 위해 스스로 어떤 노력들을 하는가?

3. 무엇이 우리를 더 능률적이고 능력 있는 사람이 되게 한다고 여기는가?

인생을 주도면밀하게 살아라

1990년 후반에 회장님이 우리와 같은 부품을 생산하는 울산에 있는 어떤 회사를 인수를 하기로 결정했다. 업종도 같고 시너지 효과가 없기 때문에 나는 조심스럽게 반대의 말씀을 드렸다.

하지만 그곳을 인수하기 위한 조처들을 하라는 회장님의 지시가 떨어졌다. 그때 그 업체의 상황은 나로서는 정확히 잘 알 수 없었지만 우려되는 점들이 많았다. 모기업에서는 그 회사를 노조문제로 말썽부리는 골치 아픈 회사로 생각하고 있었다. 구성원들의 가치관이 문제가 많아 불량이나 결품이 매우 많은 것으로 보고되었다. 소위 '찍혀 있는' 회사였던 것이다.

각종 회의에 가 보면 그곳은 '워스트' 안에 들어가는 회사였다. 어쨌거나 느낌이 좋지 않아 회장님께 반대 의견을 제시했다.

첫째로 우리와 같은 업종으로 시너지 효과가 없다고 조언을 드렸

익숙한 혁신

다. 혹 물류기지 역할이 가능할지는 모르나, 물류기지역할만을 위해 그 비싼 곳에 창고를 두는 것은 비효율적이라는 것이었다.

둘째로 강성노조가 활동하고 있는 회사이기 때문에 우리가 인수하면 우리 회사 전체적으로 문제가 될 수 있다고 말씀드렸다. 그 당시 우리는 '아람마트'라는 유통업도 하고 있었는데 유통사업장으로도 진출을 하게 되면 우리 전체를 힘들게 할 수 있다고 회장님께 말씀드렸다. "고래가 복을 잡아먹고 죽는 꼴이 된다"며 말이다. 당연히 그 불행한 고래가 우리 회사가 되어서는 안 되기 때문이다.

셋째로 그 회사의 정보 정화성이 떨어질 것이라고 예상되었다. 아무튼 적극 반대를 했다. 회장님께서는 내가 뜻을 굽히지 않자 결국 나를 빼고 다른 직원을 중심으로 인수단을 구성했다. 이 와중에 인수 계약금도 넘어갔다.

염려했던 대로, 3개월 동안 현장 노조를 설득하고 현황을 파악하기 위해 노력을 해도 진도가 나가지 않았다. 문제도 많고 자료도 제대로 나오지 않아서 회장님이 어느 날 지시를 하셨다. "자네가 한 번 올라가 봐라" 하시는 것이었다. 저녁 무렵 도착해 보니, 정문에 바리게이트 쳐 놓고 못 들어가게 하는 상태였다. 거기서 멱살도 잡히고 몸싸움도 하게 되었다.

회사 내부로 들어가 보니 3개월 동안 고생한 직원들은 파김치가 되어 있었다. 이런 상황을 회장님께 보고드렸다. 회장님도 상황을 들으시더니 문제가 보통이 아닌 것 같다며 그만 포기하자고 하셨다. 12시가 넘고 새벽 1시가 가까워진 시간이었지만 사업부장님에게 전화를 해서 늦은 시간이지만 사무실에서 뵙고 싶다는 말씀을 드렸다. 그렇게 만나서 인수를 못하겠다고 말씀드렸다.

모기업에서는 우리가 컨트롤을 잘할 것이라고 믿었는데 포기한다고 하니 아주 서운하게 생각했다. 자금도 넘어가고 우리 직원들이 3개월 동안 가서 정리도 했기 때문이다. 하지만 포기할 수밖에 없었다.

회사에 대한 깊은 충정이 없었다면 처음부터 회장님 지시대로 움직이고, 결과에 대한 책임을 회피하려고만 했을 것이다. 그러나 회사가 제대로 가야 한다는 생각으로 많은 시련을 겪으면서도 참고 인내했다. 이런 극한의 상황에서도 회장님께서 현명한 결정을 하시는 것을 보고 대단한 경영자의 철학을 갖고 계심을 알 수 있었다.

나는 다시 회장님께 노무관리팀을 만들어 문제가 될 수 있는 부분에 대한 대책을 세워야겠다고 말씀드렸다. 그 무렵 아산지역에 노사문제가 많이 발생되는 것을 보면서 더욱 노무관리의 중요성을 갖게 되었다.

세월의 흐름을 통해 배운 교훈은, 문제가 될 여지가 있는 일들은 아예 시작조차 말아야 한다는 것이다. 발을 들여 놓는 순간 상황이 바뀌고 기업과 나라의 운명이 바뀌는 일들이 발생할 수 있다. 우리의 삶을 주도면밀하게 검토해 보아야 할 이유는 바로 거기에 있다.

생각해 볼 질문

1. 인생을 주도면밀하게 하는 것은 삶을 각박하게 사는 것을 의미하는가?

2. 일상의 유혹을 물리치기 위해 어떤 노력을 해야 할까?

3. 간과하고 있었던 사소한 일들이 큰 문제나 재난을 만들게 된 경험을 가지고 있는가?

익숙한 혁신

이론은 경험을 이길 수 없다

기업의 환경은 급변하고 있다. 기술 분야에서 연구개발을 뛰어넘어 비즈니스까지 추구하는 뭔가를 해야 한다. 앉아서 연구개발만 하는 것은 이제 안 통한다. 개발과 시장을 접목시켜 고객의 니즈를 이끌어내는 주도적인 역할을 해내는 게 4세대 R&D라는 생각을 하고 있다.

실제로 실무에는 그런 부분이 반드시 필요하다. 뛰어난 기술을 갖고 있더라도 이를 시장과 연결시키지 못하면 기업이건 개인이건 살아남을 수 없다. 기업이 살아남으려면 기술자가 경영 능력을 갖추고 새로운 지식으로 무장하고 있어야 한다. 그런 사람이 많은 기업은 지속적으로 살아남고, 그런 방법으로 안정적인 이익창출과 생존 능력도 갖출 수 있다.

또한 스스로 일하는 분위기를 만들어야 한다. 내가 최고라는 자긍심도 갖고 전문성을 길러야 한다. 새롭고 창조적인 일을 개발해서 시장변화에 대응해야 한다. 이런 생각을 적용시킨 사례가 있었다. 2003년도에 중국 사업장을 안정시키기고, 수입의 극대화를 위해 각자 맡은 분야에서 최선을 다해야 한다고 많이 강조했다.

어떤 오너이건 간에 마찬가지겠지만 사람이 좋으면 기업이 망한다. 인정에 끌려 제대로 된 결정을 못하고 냉철한 판단을 못하는 경우에 문제가 된다는 것이다. 기업 경영자는 공인이고 공인이 사사로운 정에 끌려 냉정하게 판단을 못하면 직원을 불행하게 만들 수 있다. 과거나 현재의 성공에 안주하거나 만족하는 순간, 생존의 조건을 잃게 된다. 긴장상태로 늘 경계하는 사람만이 경쟁에서 이길 수 있다.

우리 회사가 해외 진출을 할 당시, 생산 직원들에게도 경각심을 많이 강조했었다. 해외에 진출을 하고 나서 직원들이 경각심과 발전을 도모하게 할 만한 터닝 포인트가 필요했다. 그 중, 인력 지도육성에 대한 아이디어를 2004년도 초에 내게 되었다. 그것은 직원들에게 경험의 기회를 부여하는 프로그램이었다. 경험의 가치를 잘 알기에 이를 회사 운영에 적용하도록 적극 밀어붙였다.

중국의 기술 수준은 상당히 낙후되었고 새로운 분야이기 때문에 경험자가 없었다. 그쪽에 있는 인력들을 한국으로 불러 들여서 국내 사업장에서 교육을 시키기로 했다. 반대로 국내 사업장에 있는 인력들은 중국 현지 사업장에 파견해서 그 지역의 문화도 익히고 해외법인에 대한 분위기도 파악하게 하여 일체감을 조성토록 했다.

실제로, 경험과 체험을 통해서 얻을 수 있는 요소들이 많았다. 국내에 있을 때는 한국적인 마인드로 볼 때 중국은 낙후된 후진국으로 판단하기 쉬웠다. 하지만, 막상 중국을 가서 보면 곧 한국을 추월할 것이라는, 즉 빠른 시일 내에 국내 일자리가 부족해질 것이라는 위기감을 느낄 수 있었다.

2003년도에 1만 개, 2004년도에 1만 5천여 개 업체가 중국에 진출했다고 한다. 그때 당시 생각을 했던 것은 현지 중국인 직원들도 한국에 들어와서 빨리 현지 안정화를 시키는 역할을 하도록 해야 한다는 것이었다. 중국에는 당시 '상황'이라는 유행어가 있었다. 세 가지 결핍을 말하는 것이있다. 공장에는 '노동자'가 부족하고 '전력'이 부족하고 '공업용지'가 부족했다. '치킨게임이다'라는 말도 유행했다. 자동차들이 서로 마주치며 달려와서 마지막에 피하는 사람이 지는 게임인 것이다. 그렇게 서로 목숨 걸고 투자를 하고 있었다. 참으로 힘든 상황이었다.

이런 상황 속에서 직원들에게 뭔가를 경험하도록 한 것은 매우 시기 적절했던 것 같다. 회사는 굳건하게 자리를 잡아갔고, 여러모로 내실 있는 모습들을 보여 주었다. 삶에 있어서도 우리는 간혹 이론에 치중하여 실제 존재하는 것의 가치를 멀리하게 되는 경우가 있다. 정말 중요한 것은 경험이고 체험이다. 실제 느낄 수 있는 것들에 의해서 발전이 일어나고 원숙한 삶의 터닝 포인트가 생긴다.

생각해 볼 질문

1. 이론보다 경험이 위대하다고 할 수 있는 이유는 무엇인가?

2. 더 많은 경험을 하기 위해 나 자신은 어떤 노력을 기울이고 있는가?

3. 더 나은 사람이 되기 위해 지금 내가 경험하고 싶거나 배우고 싶은 것은 무엇인가?

익숙한 혁신

가능성을 미리
염두에 두고 있어라

돌아가신 아버지를 생각하며 가정교육에 관해 느낀 점을 메모로 남긴 것이 있었다.

어릴 적 엄하시기만 하던 분, 몽당연필 반납을 안 하면 절대로 새 연필 안 주시는 분, 학교 준비물 저녁에 준비 안하고 아침에 하면 혼내는 어르신, 그런 분이 하늘나라 가시는 순간에 내가 과연 우리 부모님께 해드린 것이 뭘까 싶어 뒤늦은 후회를 했다. 작은 자식(내 동생) 먼저 보내고, 큰 며느리도 보내고, 새로 얻은 예쁜 며느리(지금의 아내) 정해 주시면서 편안한 마음으로 가셨나 보다.

실제로 아버지께서는 새로 예쁜 며느리를 정해 주시고 5개월 만에 하늘나라로 가셨다. 너무나도 힘든 삶을 자식을 위해 꿋꿋하게 사시다가 가셨다. "정직하게 살아라. 과욕 부리지 말아라. 조상에 효도해라. 처자식 자랑 말아라." 이것이 아버지의 말씀이었다. 아버지께서 돌아가시면서 나는 지난 과거를 많이 생각하게 되었다. 아버지는 어쩌면 나에게 있을 수 있는 많은 미래의 장면들을 위해서 모종의 준비를 해 주신 건지도 모른다는 생각이 들기도 했다. 여러 가능성에 대한 것을 염려하셨을 것이다.

회사와 기업의 미래를 위해 여러 가능성을 생각하게 된 계기가 있었다. 직장생활하고 25년 만에 처음으로 여름휴가를 가게 됐다. 지금까지의 삶에 대한 앞만 보고 달려온 세월 속에 잠깐 멈춰 보는 순간이 되었다. 주인의식을 가지고 직접 챙기고 확인하는 것이 익숙해져 휴가를 휴가답게 보낸 적이 없었다. 휴가라는 자체가 사치스럽고 쑥스러운 일처럼 느껴졌고, 여름에 공장개선 공사에 땀 흘리는 직원들을 생각하면 자꾸만 마음이 무거워졌다. 그런 내가 휴가라는 걸 가게 된 것이다. 그것도 새롭게 출발한 사랑하는 아내와 함께 말이다.

순천, 해남, 진도, 목포, 유달산, 영광, 법성포, 광주, 남해, 삼천포에 가는 코스로 2박 3일 계획을 세웠는데 여전히 '왜 이리도 마음이 무거울까' 하는 생각이 들었다. 아나나 다를까, 해남에서 갑자기 회장님으로부터 전화를 한 통 받게 되었다. 회장님 목소리에 내 몸과 마음이 굳어졌다. '혹 회사에 무슨 문제가 있어서 그럴까?' 하고 우물쭈물 망설이고 있는데 "너 지금 어디야"라는 말이 수화기를 통해서 들렸다.

"여름휴가를 멀리까지 나와 있습니다"라고 했다. 그랬더니 "휴가를 마치고 아산 공장에 올라가서 지금 무슨 문제가 있는지를 파악해서 와라"라고 지시를 하셨다. 그래서 두말없이 "예" 하고 대답을 했다.

익숙한 혁신

모처럼 만의 휴가였건만, 휴가 기분도 나지 않았고 강박적으로 회사 생각이 자꾸만 떠올랐다. 아산 공장의 문제점이 뭔지, 대책이 뭔지 고민하기 시작했다.

그 당시 아산공장은 신규아이템을 설치할 곳이 없어 약 3,000평의 공간이 당장 필요한 실정이었다. 그곳 공장장이 이것 때문에 고민하고 있다는 걸 이미 알고 있었다. 회장님께서는 10년이 다 되어가는 사업장이 아직도 이익을 못 내는데 또 공장을 키워야 하나 싶어 상당히 망설이고 계신 듯했다. 많이 고민하신 걸 알고 있었기 때문에 명을 받고 어떻게 하면 이익을 낼 수 있는 회사로 개선을 할 수 있을까 고민을 하게 되었다.

그때까지 아산공장은 수익을 내지 못하고 있었다. 초기 투자가 많고 계속 개발이 이루어지다 보니 그런 문제가 있었다. 결국 휴가를 중간에 취소하고 아산에 앞당겨 올라가 업무 파악을 하기로 했다. 아내에게는 너무 미안했다. 여행 도중에 올라왔으니 말이다. 그렇지만 처음부터 나 자신의 상황을 이해시켜야 한다고 생각했다.

회사에 충성한 지난 세월을 생각하면 휴가를 휴가답게 즐기는 게 맞다고 생각하는 사람도 있을 것이다. 게다가 앞으로 결혼할 사람과의 여행이었다. 하지만, 회사로서는 매우 중요한 시점이었다. 여기에는 수많은 가능성에 대한 생각이 필요했다. 여행에서 돌아오게 한 것은 오너의 명이 아니었다. 일어날 수 있는 상황에 대한 생각에 정신이 집중되자 더 이상은 여행을 할 수가 없었던 것이다.

　나의 경우 좀 지나친 면이 없지 않았지만, 모든 일을 진행함에 있어 가능성을 타진하고 원인과 결과를 충분히 숙고하는 태도는 분명 필요하다. 그런 진지한 내면의 모습은 개인이나 기업에게 훗날 더 많은 기회의 문을 열어 줄 수 있다고 나는 믿는다.

생각해 볼 질문

1. 가능성을 염두에 두는 것은 왜 중요한가?

2. 있을 수 있는 사고나 불의의 재난을 당하지 않도록 하기 위해 가능성을 염두에 두고 있는 것이 어떻게 유익할까?

3. 나는 과연 미리 준비하는 사람인가?

심각한 문제 발생 시
어떻게 처리할 것인가

아산 공장 부사장을 겸직하면서 공장 구성원들의 정신과 자세를 바로 잡는 것이 급선무였다. 출근을 하면서 현장을 구석구석 점검했고 공장 책임자들과 일일이 악수를 하며 현장 공장 책임자들의 문제점을 파악했다.

1시간 반 정도 현장을 체크하고 사무실에 들어갔는데, 문제가 있는 몇 사람을 발견했다. 믿을지 모르겠지만 악수할 때 손을 잡으면 그 사람에 대한 느낌이 온다.

조사를 해 보니 실제로 그랬다. 한 사람은 야간에 회사에서 무단 이탈해 직원들을 괴롭혔다. 일 열심히 하고 착실하다고 관리자들은 말했지만 나는 잘 살펴보라고 말했다. 뭔가 느낌이 좋지 않았다. 2~3개월 뒤에 의문의 편지 한 통이 왔다. 우리 사무실의 직원이 그 사람을 지목하며 "제발 제 눈에 보이지 않도록 해주세요. 도저히 못살겠습니다"라고 써서 보낸 것이었다.

조용히 그 친구를 불러서 용서를 구할 만한 게 없는지 물었다. 그는 처음에 없다고 했다. 그래서 야간에 회사 출근해서 하는 일이 뭐냐고 물으니 그때서야 잘못했다고 하는 것이다. 그래서 타 사업장으로 옮겨서 새 출발을 하면 용서해 주겠다고, 사랑하는 아이들이랑 부인이 있는데 잘못을 공표하면 가정이 파탄나지 않겠냐고 했더니 그는 알겠다고 했다. 그는 지금은 아주 성실한 사원이 되어 잘 근무하고 있다.

또 한 친구는 술만 마시면 그 다음날 성시 출근이 안 되었다. 하루는 현장 순회 중에 그 친구가 안 보였다. 집에 애가 아파서 병원에 갔다고 했다. 그래서 한 직원에게 병문안을 갈 테니 어느 병원인지 알아보라고 했다. 그런데 그 직원이 우물쭈물하는 것이었다. 그래서 평소 술버릇이 나쁘다는 걸 알게 되었다. 불러서 호되게 꾸중했다. 술버릇을 고치든지 회사를 그만두든지 알아서 하라며 호통을 쳤다. 결국 그의 술버릇은 고쳐졌다.

그런 일들이 있고 나서, 아산 공장의 이익창출을 위해서는 우선적으로 노력을 할 것이 회사 구성원들의 정신과 자세를 바꾸는 것이라는 생각이 들었다. 곧바로 근무 분위기를 바꾸기 위한 근무수칙을 만들었다. 이를테면 이런 것들이었다.

현장 내에서 걸어 다닐 때는 주머니에 손을 넣지 말 것.

담배 물고 다니지 말 것.

씩씩하고 활기차게 걸을 것.

복장은 단정하게 할 것.

항상 정해진 시간보다 5분 전에 도착할 것.

지게차나 크레인이 있을 때 안전보행을 할 수 있게 주위를 잘 살필 것.

기본적인 것부터 가르치며 홍보를 하기 시작했다. 그렇게 분위기를 만들어 결국 2년 만에 이익을 내게 만들었다. 10년간 이익이 전혀 없던 곳에서 말이다.

꼭 그런 것은 아니지만, 문제를 인지하고 나서 곧바로 해결책을 간구하는 것이 필요하다는 생각을 한다. 문제는 계속 두면 곪아 터지게 되어 있다. 문제들이 중증의 상처가 되기 전에 미리 수습을 하는 것이 반드시 필요하다. 처리하는 방식 역시 지혜롭고 조심스러워야 한다. 단호하면서도 큰 문제가 발생하지 않게 일들을 처리해야 한다. 어떤 면에서 보면, 문제는 문제가 아니라, 발전을 위한 하나의 변곡점이다.

익숙한 혁신

생각해 볼 질문 ·····································

1. 생각지 않았던 커다란 문제에 직면했던 경험이 있는가?

2. 심각한 문제가 발생했을 때 나는 어떻게 대처하였는가?

3. 능동적이면서 효과적으로 문제들을 처리하기 위해 필요한 것은 무엇이라고 생각
   하는가?

문제들이 닥쳤을 때
성공자의 마음을 가져라

성공한 사람들을 살펴보면 문제라는 것에 대한 남다른 관념을 가지고 있다는 것을 알게 된다. 그들에게 있어 문제는 성공하기 위해 꼭 필요한 도구이다. 문제를 있는 그대로 받아들이는 것은 해결을 위한 출발이다. 다른 의미를 부여하고 자신에 대해 합리적이지 않은 의미 부여를 해 봐야 우울함만 생길 뿐이다.

문제를 해결하기 위해서는 **첫째로, 현재 잘 진행되고 있는 것부터 살펴봐야 한다.** 그것들을 통해 해결의 실마리를 얻을 수 있기 때문이다. 결국 문제점에 대한 해결 방법은 '잘 되고 있는 것'들을 통해 얻을 수 있다는 말이다. 그 문제들을 해결할 수 있는 에너지는 지금까지 잘 해온 것에서부터 얻어지는 것이다. 그렇기에 문제점을 그냥 무턱대고 덮어두거나 낙담하는 식이 되어서는 안 된다.

둘째로, 완전하지 않은 부족한 점이 무엇인지 살펴봐야 한다. 피해 가려고

익숙한 혁신

하지 말고 문제가 될 수 있는 것이나 문제라고 생각되는 것을 분석할 수 있어야 한다. 여기에서 자존심이나 인정하고 싶지 않은 마음은 중요하지 않다. 종이를 꺼내 놓고 다른 사람들의 따끔한 질책도 기꺼이 들으면서 쓸 수 있어야 한다. 그러기 위해 결심이 필요하고 자신의 내면에 가지고 있던 체면을 버릴 각오가 필요하다. 그래야만 부족한 것이 온전히 보일 것이다.

셋째로, 자신이 원하는 방향으로 문제를 해결하기 위해 할 수 있는 일은 무엇일까에 대한 생각을 해 봐야 한다. 부족한 점을 자신이 원하는 방향으로 이끌어내기 위한 것이다. 문제라고 생각했던 것들은 빠짐없이 해결할 수 있는 방법들을 마련해야 한다. 해결하기 위해 실전할 수 있는 것과 없는 것들을 구분해 가면서 말이다. 예를 들어, 돈이 있을 때와 없을 때는 다르다. 좋은 환경이 주어졌을 때와 그렇지 못할 때는 엄연히 다르기 때문이다. 하나둘씩 해결책을 수립해 나간다면 필시 해결할 수 있는 많은 것들이 육안으로 드러날 것이다.

그렇다면 이러한 목표에 도달하기 위해 포기할 것은 없을까? 성공을 하기 위해서 때로는 과감하게 포기할 줄도 알아야 한다. 포기에는 여러 종류가 있다. 도저히 포기할 수 없는 것과 부분적으로 포기할 것, 영구적으로 포기할 것, 일시적으로 포기할 것 등이다. 목표한 것을 달성하기 위해서는 포기해야 하는 것들을 상세히 구별해 보는 게 많은 도움이 된다.

마지막으로 일들을 진행하면서 상황을 즐길 수 있어야 한다. 자기 스스로를 발전시키기 위해 노력만 하고 상황을 즐길 수 없다면 아무런 소용이 없기 때문이다. 우리가 개선점을 검토하는 것은 결국 행복해지기 위한 노력이다. 그러므로 만약 우리가 행복하지 않다면 아무런 소용이 없다.

상황을 즐기려면 이 사실 하나만 인정하면 된다. 문제는, 성공할 수 있는 기회를 가지고 있다는 점이다. 그것을 받아들인다면 어떠한 문제점이라고 해도 나를 괴롭히는 대상이 아닌 나를 조금 더 성공으로 이끌어주는 인도자로 느껴질 것이다. 문제를 대하는 우리의 태도에 있어 '열린 마음'은 매우 중요하다.

완전한 사람은 없다. 누구에게나 문제는 있다. 만약 자신이 성공이나 성취를 원한다면 자신의 문제점이나 약점들을 기꺼이 해결하려는 능동적인 노력이 필요하다. 그렇게 할 때 조금 더 발전하고 환영받을 수 있는 사람이 된다. 다른 사람들이 나에게 말해 주지 않는 문제점들을 스스로 발견하고 해결하면 더 좋을 것이다.

당신이 살아가면서 만나게 되는 모든 문제는 성공할 수 있는 기회들이다. 문제를 문제로만 보는 것은 당신이 할 수 있는 가장 큰 실수이다. 지금 당면한 문제가 당신을 행운의 자리로 인도해 줄지도 모르는데 말이다.

생각해 볼 질문

1. 때때로 원치 않는 일들이 일어났을 때 어떤 마음을 가지는 것이 유익하다고 생각 하는가?

2. 무엇보다 마음을 잘 다스리는 것이 중요한 이유는 무엇인가?

3. 나를 강하게 하는 내면의 다짐이 있다면 그것은 무엇인가?

주변을 번거롭게 하는 일을 피하라

결혼할 때 아내에게는 상당히 미안했지만 결혼식을 아주 조촐하게 하고 싶었다. 나는 재혼이기에 조용히 절에 가서 가까운 친척들만 모시고 하자고 제안했었는데 아내는 일언지하(一言之下)에 거절했다. 나와는 달리 초혼이기 때문에 정식으로 지인들을 초청해서 결혼하고 싶다는 것이었다. 그래서 아내 뜻을 따르기로 했다.

처음엔 단순히 아내의 욕심인 줄만 알았는데 그것이 아니었다. 장모님은 근 20년 이상을 딸 시집가도록 하루도 거르지 않으시고 부처님 전에 기도를 했다고 한다. 자식으로서 소원을 풀어드려야겠다는 생각에 그렇게 한 것이었다.

그동안에 나는 개인적으로 많은 지인들에게 폐를 끼쳤다. 아이 엄마를 하늘나라로 보냈을 때와 아버지께서 돌아가셨을 때 아시는 분들께 많은 신세를 졌기에 나의 결혼식만큼은 축의금을 받지 않는 게 좋겠다는 생각이 들었다. 주변 분들을 마음으로나 금전적으로 여러

익숙한 혁신

번 번거롭게 하고 싶지 않았기 때문이다. 다른 이들은 나를 두고 너무 맑게 살려고 한다고 하지만, 나는 이런 삶의 태도로 평생을 살아온 사람이다. 그리고 그것이 지금의 나를 있게 한 삶의 부분이기도 했다.

결혼식은 나를 아는 모든 분들에게 식사 대접하는 것으로 했다. 새 아내를 위해 열심히 행복하게 살아야겠다는 생각이 들었다. 숙제를 하는 마음으로 말이다.

좀 우습긴 하지만, 그때도 중국으로 신혼여행을 가면서 회사 업무 반, 신혼여행 반으로 갔다. 개인적인 일 때문에 회사 업무에 지장을 주면 안 된다는 생각이 있었던 것이다. 어찌 보면 나는 정말 어쩔 수 없는 존재라는 생각이 들기도 했다. 결혼을 두 번 하면서 신혼여행을 며칠씩 간다는 데 대한 부담감에 회사에 신세를 적게 끼치겠다는 일념으로 중국에 나갔다.

처음 결혼을 할 때는 말단 사원이었다. 공장장님이 3일만 쉬고 오라고 했는데 4일을 쉬고 와서 시말서를 썼다. 그런데 대표가 되었고 풍요롭게 시간을 쓸 위치임에도 그렇게 할 수가 없었다. 아이러니일까? 그런 나를 묵묵히 믿어주고 따라주고 협조해주는 아내에게는 정말 감사할 뿐이다. 앞으로 살아가면서 더 많이 아끼고 사랑해야겠다고 생각한다.

인생을 나처럼 살라고 말하는 것은 어느 정도 무리가 있다. 하지만, 살아가면서 주변을 필요 이상으로 번거롭게 하는 사람은 되지 말라고 젊은이들에게 조언해 주고 싶다. 혼자서 해결할 수 있는 것은 기꺼이 혼자서 할 필요가 있다. 부모님이나 주변에 손을 벌리기 시작하면 한도 끝도 없이 그런 일이 일어나게 되어 있다. 자신의 일로 주변의 마음을 쓰게 하는 일은 될 수 있으면 줄이는 것이 품위 있는 인생을 사는 방법이 아닐까?

익숙한 혁신

생각해 볼 질문 ··

1. 부득이한 경우를 제외하고, 할 수 있다면 주변의 번잡스러움을 만들지 않도록 해야 하는 이유는 무엇인가?

2. 스스로 문제들에 직면하고 상황을 수습해 나갈 때, 그것이 자신에 대한 타인의 신뢰에 어떤 영향을 준다고 생각하는가?

3. 자주적인 삶을 살기 위해 나는 어떤 노력을 기울여야 할까?

욕심은 바닷물을 퍼내는 것처럼
한이 없다

후배들과 생활하면서 선배로서 많이 이야기한 것은 '조직의 리더로서의 자세'였다. 급변하는 환경 속에서 리더로서의 의무와 책임을 생각해야 한다. 특히 비밀이 새어나가는 것은 조직과 리더의 영향력을 약하게 한다. 리더는 비밀을 유지해야 할 의무가 있다.

또한 청렴해야 할 것이다. 관계 유무와 상관없이 어떤 청탁이든 거절할 도덕성을 유지할 의무가 있으며 몸가짐과 마음가짐을 바르게 하고 품위를 유지해야 한다. 건강관리를 철저히 해야 하며 업무의 정확한 인식과 냉철한 판단을 위한 두뇌건강이 유지될 필요가 있다. 대외적으로 업무와 관련이 있는 인적 네트워크가 살아있도록 인적관리도 되어야 한다. 도전의식과 모험정신으로 열정적이 될 필요도 있다. 무엇보다, 어떤 삶의 부분에 있어서도 솔선수범할 필요가 있다.

리더로서 정직성에 대해 이야기하고픈 것이 있다. 내가 어려웠을 때 친형제처럼 지냈으며, 우리 집 숟가락이 몇 개인지 알 정도로 막역하게 지냈던 친구가 회사 아이템으로 나의 재산을 증식하자는 제안을 했던 적이 있었다. 이 제안을 나는 거절했고 그 이후로 우리 사이는 급격히 벌어지게 되었다.

개인적으로 많은 도움을 받고 지냈던 사이였는데 그런 상황이 생겨 나로서도 가슴 아프고 난감했다. 하지만 회사의 직위를 이용해 개인적인 영리 추구를 해서야 되겠나 하는 생각에 거절을 하게 되었다. 세월이 지나면서 돌이켜 보면 너무나 다행스러운 일이었다. 세상에 비밀은 없고 공짜 점심도 없다는 것을 우리는 명심해야 한다.

나는 CEO로서 직원들에게 전화를 한 번씩 한다. 불필요한 욕심이나 욕망을 직원들이 혹여 품지 않도록 말이다. 그럴 때 항상 조심해야 한다는 생각을 한다. CEO라 하더라도 통화예절, 일상적인 인사를 잘해야 한다. 그 다음, 격려를 해야 한다. '다른 사람들이 너 잘한다고 칭찬하더라. 앞으로 더 열심히 해라' 하는 식으로 말이다. 다음으로는 '개인적으로 고민이 있으면 나에게 이야기해라. 같이 고민해 보자'며 그의 마음을 보듬을 수 있어야 한다.

사람으로서 욕심이 없다면 그건 거짓말이다. 하지만 인간이라면, 재물 앞에 초연해져야 한다. 재물이라는 것은 끝이 없다. 바닷물은 퍼내도 항상 차 있다. 욕심은 바닷물을 퍼내는 것처럼 한이 없다. 삶을 가장 보람 있게 사는 방법은 '올바르게 행하면서 사는 것'이다.

생각해 볼 질문

1. 사람의 욕심에는 한계가 없다는 점을 인정하는가?

2. 사람이 가진 무의식적 맹점들을 생각할 때, 나 스스로를 돌아보는 것은 왜 중요한가?

3. 이기적이며 욕심 많은 고집불통의 사람이 되지 않기 위해 나는 내적으로 어떤 노력들을 하고 있는가?

Part 5 ──────────

나를 어떻게
혁신할 것인가

고객 감동 실천 활동

회사에 대한 대외적 이미지와 내부적 결속을 다지기 위해 '고객 감동 실천 활동'이라는 말을 만들었다. 우리 회사의 고객은 누구일까 생각해 보면, 완성된 차를 사용하는 사람이기 보다는 우리 제품으로 조립을 하는 조립 공장일 것이다. 고객은 왕이기 때문에 원하는 것을 해결해야 할 책무가 있다. 고객은 멀리 있는 것이 아니다.

우리는 매일 새벽 6시에 현대자동차 완성 차 조립 공장을 찾아가 하루 동안 있었던 문제점을 파악하고 개선을 약속하는 고객 감동 실천 활동을 시작했다. 그 부분을 철저히 지켜나가며 관리를 하는 동안 회사의 품질 뿐만 아니라 회사의 이미지가 높아졌다. 특히 자동차 인라인에서 일어날 수 있는 사소한 문제에 대해 선 조치를 함으로써 고객을 감동시킬 수 있었다. 그리고 이를 해외 공장에도 확대 적용시켰다.

또한 노사 임금협상에서 다른 회사처럼 성과급을 지급해 달라는 요구가 있었다. 나는 "다른 회사가 부도가 난다면 우리 회사도 부도가 나도 되느냐"고 반문을 했다. 그런 명분 없는 이야기는 하지 말라며 회사가 성과를 못 냈을 때 그럼 노조에서는 어떻게 할 것인지 같이 고민을 해 보자고 했다.

그러던 중에 제안을 하나 했다. 수치가 분명한 품질 이야기였다. 우리가 생산한 제품이 고객의 생산 라인에서 불량이 발생하지 않으면 내가 일정 금액을 주겠다고 제안한 것이다. 또한 한두 개의 불량이 나면 삭감을 하겠다는 다짐도 두었다. 3건 이상 나면 안 주겠다고 했다. 1년에 4분기별로 1월 달에 안 나면 10만 원, 2월 달에도 안 나면 15만 원, 이런 식으로 보너스를 주겠다고 제안했다. 그것에 더해 외국인에게는 임시 사무직도 주겠다고 약속을 했다.

그걸 시행하고 보니 품질 수준은 엄청 높아졌다. 자기 실수로 불량이 나면 모든 사람들이 돈을 못 받으니 직원들은 더욱 열심히 일했고, 스스로 품질 관리를 하기 시작했다. 품질 관리 의식이 올라가 회사 제품이 점점 더 좋아졌고 고객사로부터 최우수업체로 선정되기도 했다. 결국 우린 국가품질경영대상을 수상했다.

기업의 책무는 고객을 감동시키는 일이다. 그냥 물건을 만들고 서비스를 제공하는 것만이 기업이나 비즈니스맨의 일이라고 여긴다면 그건 잘못된 것이라고 나는 생각한다. '감동'이야말로 온 회사를 움직이는 동력이며 마음을 움직이고 이익 창출을 하는 진정한 힘이다.

생각해 볼 질문

1. 고객을 감동시키기 위해 필요한 것은 무엇이라고 생각하는가?

2. 왜 비즈니스에서 감동이 중요한가?

3. '이론적' 경제활동과 '실천적' 비즈니스는 어떻게 다른가?

'무엇을'보다 '어떻게'가 더 중요하다

나는 '무엇을 하는가'보다는 '어떻게 하는가'가 더 중요하다고 생각한다. '어떻게 하느냐', 우리 의식 상태가 여기서 결정된다고 본다. 세상에서 제일 어려운 것이 무언가를 끝까지 하는 것이 아닐까 한다. 많은 이들이 중간에 포기하는 경우가 많다. 젊은이들에게 나는 '꽉 찬 인생을 살아라(live full life)'라고 말해 주고 싶다. 최선을 다해서 꽉 찬 인생을 살려는 의지가 있어야 한다.

자기 인생에 몰두하여 초지일관하되 지치지 않고 쉴 때 쉬고, 사랑하고, 사랑받고, 도움주고, 도움받고, 시간도 나누고, 마음도 나누면서 맛있게 사는 인생, 그렇게 하루하루 에너지 넘치는 삶이 꽉 찬 인생일 것이다.

생각이 방향을 결정한다. 좋은 일을 바라보면 좋은 일이 생기고 나쁜 일을 바라보면 나쁜 일이 생기기 마련이다. 언제나 좋은 쪽을 바라보는 긍정적 습관이 자신의 미래는 물론 주변의 미래도 밝게 만들어 간다. 성공은 실패의 시작이다. 성공을 했다고 해서 성공한 건 아니다. '자기 부정(不定)의 정신', 그것이 바로 자신을 바꾸는 용기를 만든다.

착실하게 눈앞의 과제를 극복하는 것에 목표를 두어야 한다. 가끔 눈에 보이지 않는 적이 있고 눈에 보이지 않는 함정이 있다. 그것을 착실하게 잘 극복할 수 있어야 한다. 자신 스스로에게 하는 이야기로 인생의 가장 밑바닥에서 시작해 우뚝 서기를 바란다. 한 분야에서 최고가 되는 것은 아름답고 치열하며 힘든 길이다. 그 힘든 일을 즐겁게 할 수 있다는 것이 성공일 것이다.

익숙한 혁신

생각해 볼 질문

1. 일들을 어떻게 처리하느냐가 무엇을 하느냐보다 중요한 이유는 무엇인가?

2. 어떤 태도로 상황에 임하느냐가 앞으로의 미래에 어떤 영향을 미친다고 생각하는가?

3. 스스로의 변화에 대한 힘은 어디에서 나온다고 생각하는가?

솔개의 뼈아픈 선택을 기억하라

솔개는 가장 장수하는 조류로 알려져 있다. 약 70세의 수명을 누릴 수 있는데 이렇게 장수하려면 매우 고통스럽고 중요한 결심을 해야 한다. 약 40세가 되면 발톱이 노화하여 사냥감을 잡기 힘들고 부리도 무뎌지기 때문에 자기 자생력을 갖지 못한다. 깃털은 두껍게 자라 버려서 날려고 하면 무겁고 속도감도 떨어지므로 삶 자체가 힘들어진다.

그때 솔개는 두 가지 중 하나를 선택을 해야 한다. 그냥 죽을 것인가, 아니면 약 반 년에 걸쳐 갱생을 위한 고통의 시련을 감수할 것인가. 대체적으로 갱생의 길을 선택한 솔개는 높은 산 정상에 올라 둥지를 짓고 고통스러운 몸의 수행을 시작한다. 먼저 부리를 딱딱한 바위에 쪼아서 깨고 빠지게 만든다. 그러면 서서히 새로운 부리가 자란다.

이후, 새로 돋은 부리로 발톱을 하나하나 뽑는다. 새로 발톱이 돋

익숙한 혁신

아나면 날개의 깃털을 하나하나 뽑는다. 그리고 나서 완전히 새로운 모습으로 변신한다. 그리고 다시 힘차게 하늘로 올라 30년의 수명을 누리며 산다.

돌이켜 보면 지금의 나의 모습은 앞만 보고 일만 해왔던 과정 중 휴식의 시간이라는 생각이 든다. 노래에 쉼표가 있는 것처럼 내 인생에 쉼터에 와 있는 것이다. 하지만 나는 쉬는 게 아니라 솔개가 높은 산에 올라가 바위를 쪼고 발톱을 빼고 깃털을 뽑고 하는 것처럼 또 다른 준비를 하고 있다. 변화에 대한 준비와 대응을 즐겁게 하고 있는 것이다.

생각해 볼 질문 ·····································

1. 일시적 고통을 허용하는 것이 때에 따라서는 유익할 수도 있는 이유는 무엇인가?

2. 자신에게 약이 되었던 과거의 고통의 경험들이 있는가?

3. 사람을 성장하게 하는 건 어떤 요소라고 생각하는가?

부족함을 인정하면
훨씬 더 행복해질 수 있다

일들을 꼼꼼하고 섬세하게 하려는 사람의 경우, 자신이 부족하다는 것이 드러났을 때 그것을 인정하기 무척이나 힘들어 한다. 그러한 경우에 때때로 자존감이나 자부심이 개인의 발전에 방해가 되기도 한다. 자신의 부족함을 있는 그대로 받아들이고 스스로 단점에 대해 인정하고 웃을 수 있는 사람이야말로 진정한 발전을 이끌어 낼 수 있는 사람이다.

사람은 어떤 환경에 있느냐에 따라서 매우 다른 삶을 살 수 있다. 어린 시절 빈곤한 환경에서 자랐다거나 무시와 학대를 받는 등의 사랑을 받지 못하는 환경에서 태어났다면 자신에 대해 스스로 좋은 느낌을 갖기가 힘들다. 긍정적인 생각보다는 부정적인 생각을 갖게 될 수 있다. 또한 그런 부정적인 생각에서 비롯된 자존감은 오히려 스스로가 가진 단점들을 고치지 못하게 하는 방해의 요소가 되기도 한다.

스스로의 환경적인 요소나 외적인 요소가 완벽하지 않음에도 불구하고 발전하는 사람이 되려면 어떻게 해야 할까? 우리가 가지고 있는 부족함을 외면하는 것이 아니라 있는 그대로 인정해야 한다. 그렇게만 된다면 우리는 지금보다도 훨씬 더 행복해질 수 있다. 나 자신이 어떤 위치에 있는지와 어떻게 가야 하는지를 기꺼이 열린 마음으로 검토할 수 있는 삶이 되어야 한다. 그래야 우리의 미래는 바뀔 수 있다.

이전의 부족한 환경이나 외적인 부분 때문에 나 자신이 발전해야 할 필요가 있다면 진취적인 책을 읽거나 주변에 좋은 인성을 지닌 벗들을 둘 수 있다. 또한 자신의 부족한 점을 채워줄 수 있는 세미나나 모임에 참석할 수도 있을 것이다. 그렇게 능동적으로 변화할 수 있는 노력들을 한다면 나는 바뀌기 시작한다. 일단 발전의 스텝을 밟았다면 그 걸음이 어제로 끝났다고 생각하지 말고 매일 같이 새로 시작된다고 생각해야 한다. 그런데 이러한 노력에는 자신의 부족한 점을 있는 그대로 인정할 수 있는 태도가 선행될 필요가 있다. 그것이 선행되지 않는다면 어떠한 노력도 할 수가 없다. 자신의 자존감에 취해서 살아갈 수밖에 없기 때문이다.

그렇게 자신을 스스로 변화시킬 수 있는 습관을 실천해 나가면 단지 우리의 외상과 주변이 바뀌는 것이 아니라 자신의 내면, 사고, 생각하고 있는 마음가짐까지 서서히 변화되는 것을 느낄 수 있다. 그렇게 1~2년이 지나면 확연하게 달라진 자신의 모습을 경험하게 된다.

익숙한 혁신

여기에도 목표를 정해 놓는 것이 좋다. 하루의 계획과 주간 계획, 그리고 월별 목표를 만들어서 실천한다면 자신이 생각지도 못했던 모습으로 발전해 있는 모습을 경험하게 될 것이다.

자신이 새로 태어났다고 말하는 사람을 종종 만난다. 하지만 그런 일은 단시일 내에 경험할 수 없다. 계획을 세워서 실천하다 보면 장기적으로 서서히 변화된다. 그러한 노력 끝에 재창조되는 사람이 되는 것이다.

기억해야 할 것은 자신을 있는 그대로 인정할 수 있어야 한다는 점이다. 그것이 부족한 것이든, 충만한 것이든, 그 모든 것들을 편안하게 인정할 수 있는 것이 인생에 있어서 변화를 일으킬 수 있는 아주 중요한 요소이기 때문이다.

생각해 볼 질문

1. 자신이 완벽하지 않은 존재라는 사실을 인정하는 것이 중요한 이유는 무엇인가?

2. 자신의 단점을 인정하는 것은 왜 관계에 있어 도움이 되는가?

3. 단점이 있다고 해서 우울함이나 열등감을 가질 필요가 없는 이유는 무엇인가?

이 또한 지나가리라

내가 2005년도에 알게 된, 솔로몬의 지혜 같은 한마디가 있다. 지금도 나의 좌우명에 들어있는 격언이다. '이 또한 지나가리라'라는 말인데, 10년 전부터 사용하고 있다. 자신이 좀 잘 나간다 할 때는 혹시라도 자만에 빠지지 않도록 조심해야 한다. 반대로 낭떠러지에 떨어졌다 하더라도 비굴하게 좌절하진 않는다는 마음으로 위기를 극복해 나갈 수 있어야 한다. 나는 이걸 좌우명으로 삼고 매사를 잘 극복해 나가려 한다.

부사장이 되고 사장이 되면서, 회사에 대한 일들을 어떻게 만드는 것이 좋을까 하는 고민을 하게 되었다. 훌륭한 일터의 핵심 구성요소는 경영진과 구성원 간 상호신뢰와, 구성원의 직장에 대한 자부심이다. 함께 어울려 일하는 재미가 있어야 한다. 그게 있다면 훌륭한 일터가 된다. 인간에 대한 존중이 중심에 자리 잡혀 있어야 한다.

성공했을 때는 창문 밖을 내다보며 자신의 요인들에 감사하고 반대로 실패했을 때는 거울을 들여다보고 자책하면서 전적으로 내 책임이다 하는 모습을 보일 때 상대에 대한 존중이 극대화될 수 있다.

나는 책상 옆에 긴 거울을 항상 두고 있다. 내가 화가 나든 찡그리든 그 모습을 보고 항상 고치려 노력하고, 혼내고 싶은 일이 있을 때도 거울을 쳐다보며 참고 돌이키는 습관을 가져왔다. 근 15~16년을 거울과 같이했던 것 같다. 일이 잘못되었을 때는 항상 "전적으로 내 책임이다"라고 말하며 거울을 보고 되돌아보곤 했다.

구성원들 간에도 서로 배려하고 존중하는 문화가 정착해야 한다고 생각한다. 직원들에게 말할 때도 항상 존경심을 표하고 누구에게나 친절하고 편하게 하려고 해왔다. 그렇다고 해서 흐물흐물 격 없이 한다는 것은 아니다. 항상 원칙은 벗어나지 않고 원칙 내에서 독려하고 돕는다.

경험해 본 바로는, 회사에서 같이 일할 사람은 성품이 가장 중요하다. 헌신적으로 책임을 완수하겠다는 가치관 등을 타고 난다면 좋을 텐데 하는 생각을 늘 해왔다. 전문가나 전문지식을 가진 사람들을 고용할 때도 우월감이 없고 동료를 존중할 줄 알며 다른 부서의 직원들과도 어울릴 수 있는 팀 플레이어를 찾았다. 어떻게 보면 능력은 있다 하더라도 조직의 목표에 기여할 수 없거나 목표를 방해하는 인물은 입사부터 막는 것이 나의 가장 큰 일 중에 하나였다.

체코의 속담이 하나 있다. "마음에 울타리를 만들어 자신을 보호하지 말고 좋은 친구들을 만들어 친구들로 보호하는 것이 좋다"라는 말이다. 세상을 일주하는 제일 좋은 방법은 가장 좋은 친구와 함께 여행하는 것이다. 인생의 여행도 마찬가지이다. 좋은 사람과 함께하는 것이 가장 행복한 여행이라고 생각한다.

좋은 친구 하나 얻는 것도 쉽지 않다. 축복받을 일이다. 논어에 이런 말이 있다. '有朋自遠方來 不亦樂乎(유붕자원방래 불역락호아)'라는 말인데, 멀리서 친구가 찾아오니 어찌 기쁘지 않겠는가라는 의미를 담고 있다. 아무런 목적 없이 찾아오는 진실한 친구가 있다면 그것은 인생의 낙이자 행복일 것이다. 좋은 친구를 가까이 두어 친구들로부터 보호받는다기보다 친구들과 같이 더불어 인생 여정을 잘살아가는 것도 축복받은 인생이라는 생각이 든다.

자기가 맡은 업무에 도전적으로 목표를 세웠다면 죽을힘을 다해 악착같이 매진해야 한다. 처음 세웠던 그 목표는 누구나 같을 수 있다. 하지만 그 목표를 달성하기 위한 마음가짐과 자세에 따라 결과는 180도 달라진다. 실수를 많이 하거나 이정도면 되겠지 하며 무사안일한 사람은 절대로 자기가 맡은 업무에 최고가 될 수 없다. 어떤 작은 일이라고 하더라도 내 자신의 이름을 걸고 하는 일이니만큼 내 이름 석 자가 부끄럽지 않도록 최선을 다해야 한다.

무엇보다도, 우린 생의 한가운데서 좌절하지 않아야 한다. 자신의 한계가 느껴지는 상황이 올 수 있지만, 아니 그런 상황은 반드시 일어나게 되어 있지만⋯ 그 모든 것들을 지나가게 되어 있다. 이 또한 지나가리라.

생각해 볼 질문

1. 때론 삶에 있어 기다림과 바라봄이 필요한 이유는 무엇인가?

2. 원숙하고 성숙한 삶을 만들기 위해 필요한 것은 무엇이라고 생각하는가?

3. 좌절해야 할 상황 가운데서 다시 일어서게 하는 힘은 어디에서 나오는가?

사람을 보는 눈을 발전시켜라

성우가 30년이 있기까지는 직원들에게 '성우인'으로서 자부심과 궁지를 갖도록 하는 것이 중요했다. 그러기 위해서 회사는 경쟁사보다 더 좋은 조건, 즉 급여, 복지 등의 배려에 신경을 썼고 그것이 주요하게 작용했다. 여기에는 서로 간의 신뢰가 바탕이 되었다고 본다. 회장님 개인의 사비를 털어 복지기금 50억을 출연했고, 직원들이 일당백의 경쟁력을 갖추어 더 많은 능력을 발휘할 수 있도록 임금을 인상하는 데 최대한의 노력을 기울였다. 그러다 보니 구성원들이 똘똘 뭉쳐서 위기극복에 최선을 다했다.

무엇보다 기업에는 사람이라는 요소가 중요하다고 생각한다. 내 생각에는 신입사원이 면접 장소에 입장해서 자리에 앉을 때까지 걸리는 시간은 10초 이내이지만, 그때 80프로는 당락이 결정되는 경우가 많다고 생각한다. 관상을 보는 게 아니라 그 사람의 몸가짐에서 풍기는 분위기를 보는 것이다.

익숙한 혁신

존경하는 사람이 있는지 묻는 것은 그의 정신을 알아보는 질문이다. 진솔한 자세와 긍정적인 사고를 갖는 것이 중요한데 이것은 하루 아침에 생기는 것이 아니다. 신입사원들은 들어오면서 마음속으로 이 세상에 없는 세 가지를 요구한다. 많은 월급, 좋은 상사, 예쁜 아내… 사실, 이 세상에 세 가지를 다 가진 사람은 드물다.

많은 월급의 기준은 없다. 자신의 마음에 완벽히 들어맞는 좋은 상사는 세상에 존재하지 않는다. '물 좋고 정자 좋은 곳은 없다'라는 속담이 있다. 위와 같은 세 가지를 바라고 입사를 하면 실망은 커진다. 왜 학생들은 공부하기 싫은데 학교에 앉아 공부를 하는 걸까? 결과적으로 행복해지려고 하는 것이다. 그렇다면 행복해시는 도구는 뭘까? 단적으로 돈일 수도 있다. 돈이 있다면 좋은 마누라를 얻을 수도 있고 부분적으로는 자기 성취에 따라서 행복해질 수 있을지도 모른다.

면접을 볼 때 떨어지는 사람들은 이유가 있다. 눈을 잘 안 마주치는 사람, 좋은 옷을 입었지만 어울리지 않게 어설픈 사람, 가까이서 보지는 못했지만 머리 스타일이 퍼석하게 느껴지는 사람 등이다. 그런 사람들은 책임감이 없어 보인다. 질문했을 때 대답하는 게 우물우물하고 마는 것 같은 사람도 있다. 오른쪽과 왼쪽의 신발이 마모된 정도가 다른 사람도 있다. 이력서의 경력이 1년 미만이면서 두세 군데 다닌 사람, 눈동자가 상하 좌우로 많이 움직여 뭔가 살피는 사람, 의외로 학위가 넘쳐서 면접관을 우습게 보는 사람 등이 있다.

신입으로 면접을 본다면 나를 원하는 사람이 무슨 생각으로 질문을 할까, 내가 어떤 모습이 되어야 할까를 생각할 수 있어야 한다. 신입사원들을 교육할 때 이런 말을 한 적이 있다. "앞으로 인생의 결과가 어떻게 될 거라고 생각하십니까? 인생의 결과는 일의 결과와 같습니다"라는 말이었다. 사실, 인생은 '사고방식×열정×능력'이다. 열정과 능력은 도토리 키 재기와 비슷하다. 가장 중요한 건 사고방식이다. 성품, 품성이 바로 되어야 한다.

항상 긍정적인 사고방식으로 사물을 볼 수 있어야 하고 청렴한 사람이 되어야 한다. 그러면서 구성원들을 격려하고 배려하며 존중하는 가치관을 가져야 한다. 인생은 삶과 일과 성장을 따로 둘 수가 없다.

항상 아침에 출근할 때 가슴 설레며 출근할 수 있다면 좋을 것이다. 하지만 그러기가 쉽지는 않다. 설렘이 없다는 것은 가서 해야 할 일이나 목표가 없다는 거다. 직장에서 일하면서 어찌 설렐 수 있느냐고? 가슴이 설레는 방법은 오늘 나의 하루 일 중 포인트를 하나 잡는 것이다. 예를 들어 내가 오늘 손님을 만난다고 하면 그 손님과 대화 중에 나는 그 손님의 좋은 점을 꼭 찾아 내겠다는 식의 생각을 갖는 것이다. 혹은 그 손님의 머릿속 생각을 질문을 통해 알아내겠다는 타겟 포인트를 하나 잡는 것이다. 그게 내가 성취감과 만족감을 느끼는 것이다.

반대로 '어떤 사람을 만나기 싫다'라는 생각이 든다면, 그 사람을 오늘 한 번 웃기겠다는 목표를 가질 수도 있다. 저 사람을 웃길 방법이 뭘까? 주머니에 따뜻한 박카스 한 병을 넣어놨다가 대화 말미에 슬쩍 쥐어 주며 그의 반응을 보는 것이다. 내가 원하는 대로 되었을 때 성취감이 생긴다.

항상 어제보다 더 나은 오늘이 되기 위한 계획을 세워야 한다. 사소한 이유를 만들어 억지로라도 설레게 할 필요가 있다. 그게 쌓이면 다른 사람들보다도 더 밝은 모습으로 삶을 살 수 있다.

사람을 보는 눈은 단시일 내에 만들어질 수 있는 것은 아니다. 이것은 단순히 사람을 판단하는 능력을 갖는 것을 말하지 않는다. 상황과 시기에 적절하게 대처해서 누군가의 마음을 얻는 것도 포함되는 것이다. 이 세상의 아름다움은 모두 관계 속에서 만들어진다. 사람과 사람 사이의 관계는 우리가 지구상에 사는 이상 아무리 강조해도 지나치지 않는 부분이다.

생각해 볼 질문 ....

1. 사람을 섣불리 판단해서 손해를 본 경험이 있는가?

2. 사람을 보는 눈썰미를 개발하기 위해 무엇이 필요할까?

3. 상대의 깊은 곳에 있는 내면을 길어 내는 자신만의 방법이 있는가?

닭이 먼저냐 계란이 먼저냐

사원들 각자가 모두 중요한 일을 하고 있고 모두가 소중한 존재이긴 하지만, 중간 관리자 직원들에게는 더 많은 의미를 부여하게 된다. 가끔 나는 팀장들과 중간 간부들에게 교육을 하곤 한다. 사실, 그들은 '일하는' 팀장이 되어야 한다. 팀원을 통솔하는 일도 중요하지만 자기가 가지고 있는 고유 업무로서의 팀장직을 실행하는 것이다. 야구의 플레이코치와 같다. 팀장이랍시고 창가에 앉아 손님이나 맞이하는 것은 안 된다.

훌륭한 리더는 꿈을 꿀 줄 아는 리더다. 꿈이 꿈으로만 끝나면 백일몽이 된다. 닭이 먼저냐 계란이 먼저냐는 말이 있다. 난 닭이 먼저라고 생각한다. 계란이 닭보다 못한 게 하나 있다. 닭은 계란을 품고 알이 깨어날 때까지 21일간 사랑으로 온도 조절을 하며 자기희생을 한다. 하지만 계란은 그냥 스스로 있는 것이다. 리더로서 밑에 사람이 잘못한다고 말해선 안 된다. 닭이 계란을 품듯, 리더가 부하를 사랑으로 품고 견뎌 낼 수 있어야 한다.

직원들에게 힘이 되는 말을 해야지 기를 꺾는 말을 해서는 안 된다. 힘을 내기 위해 내가 자주하던 말이 하나 있다. "힘들면 참으라. 그래도 힘들면 그래도 참으라. 그래도 힘들면 그럼 개기라"는 것이다. 개기더라도 포기하면 안 된다. 나도 예전엔 한 두 시간 자고 현장에 가서 개겼다.

위기도 능력이 된다. 우리가 음식이 발효되면 잘 익었다고 한다. 사람이 잘 익으면 진국이라고 말한다. 곰팡이는 주변을 썩게 만들지만 유산균은 잘 익게 만든다. 나 스스로 곰팡이가 되지 않고 유산균이 되어 발효된 인간, 즉 진국이 되겠다는 생각을 하며 스스로를 가다듬을 수 있어야 한다.

명심보감에 "길이 멀어야 달리는 말의 힘을 알 수 있고 시간이 흘러야 사람의 마음을 알 수 있다"고 했다.

오래된 구두는 발이 편하다. 새로 산 구두는 번쩍거리지만 발이 불편하다. 사람도 오래 사귄 사람이 편하고 좋다. 그러나 요즘 사람들은 새 구두만 좋아하는 경향이 있다. 새 구두를 신고 여행하다가 물집이 생겨 즐거운 여행을 망치는 경우가 종종 있다. 사람에게는 어미닭처럼 따뜻함을 건져 낼 수 있는 특성이 필요하다.

생각해 볼 질문

1. 시간을 품을 줄 아는 리더가 되기 위해 어떤 특성이 필요하다고 생각하는가?

2. 무엇이 진정한 리더의 카리스마와 리더십을 만드는가?

3. 발전적이며 모범적인 리더가 되는 데 나는 어느 정도 역량을 가지고 있는가?

스스로가 더 행복해지기 위해

이 세상에는 두 개를 다 가질 수 없는 경우가 있다. 하나를 가지려면 하나는 반드시 내려놓아야 한다. 그 중 하나는 '완벽해지려는 마음'과 '마음의 평화'이다. 누구든 일을 완벽하게 하려고 하거나 완벽주의자처럼 행동하려고 하면 마음이 평안해질 수 없다. 사람은 찝찝하게 일을 벌려 놓고 중간에 놓게 되는 일을 피하고 싶은 내적인 욕구가 있다. 완벽에 대한 욕구이다.

그 욕구는 내적인 평온을 가지려고 하는 욕망과 대치하고 있다. 무언가를 가지려고 하면 질 수밖에 없는 싸움을 해야 한다는 것이다. 모두에게는 여러 가지 불만 요소들이 있다. 좋은 차를 갖지 못했다거나 일을 완벽하게 끝내지 못했다거나 수입이 많지 않다거나 하는 등의 지극히 개인적인 불만 요소들이다. 또한 스스로가 가진 단점도 있다. 물론 그런 것들은 발전하고 고쳐나가는 게 중요하다. 그럼에도 가지고 있는 것이 있다. 삶을 대하는 태도와 외모이다. 근데 아이러니한 것은 그런 것들을 고치려고 하면 할수록 사람은 불행해진다는 것

　　　　　　　　　　　　　　　익숙한 혁신

이다. 자신의 부족함은 계속해서 드러나고 주변에 알려진다.

그래서 자신이 불완전하다는 것에 스스로 초점을 맞추려는 태도는 목표를 달성하는 데 걸림돌이 될 수밖에 없다. 이것은 어쩌면 완전하지 않은 상태에 만족하라는 말로 들릴 수도 있다. 그렇다. 나 자신이 만족하지 않다는 것을 만족할 수 있어야 한다.

최선을 다하지 말라는 것은 아니다. 단지 자신의 잘못된 점에 너무 지나치게 집착하거나 그것에만 초점을 맞추지 말라는 것이다. 그러다 보면 사람은 행복해질 수 없기 때문이다. 어쩌면 문제라고 하는 것들도 더 좋은 방법이 있음을 의미하는 것일 수 있다.

내가 가진 특성보다 더 좋은 성질이 있을 가능성, 내가 이룬 것보다 더 큰 것에 도달할 수 있다는 가능성은 언제나 존재한다. 상황은 비교하는 것에 따라서 달라진다. 그렇기 때문에 항상 더 좋은 것이 있는 건 사실이지만 자신이 가지고 있는 기존의 형태를 감사하고 즐길 수 있어야 한다.

어떻게 되어야 한다는 생각이 들 때 '안 돼'라고 제동을 걸 수 있어야 한다. 머릿속에서 강박관념으로 자랄 수 없도록 제동을 거는 것이다. 나 자신의 모습은 있는 그대로도 괜찮다고 끊임없이 상기시킬 필요가 있다. 참 아이러니하게도 무언가 버리면 버릴수록 더 쉽게 발전할 수 있고 더 쉽게 행복해진다. 삶의 모든 순간에서 완벽해지려는 욕심을 버리는 순간부터 삶은 더 행복해지고 더 발전할 수 있다.

결국 사람은 스스로 정한 완벽이라는 것도 실제로는 잘 알지 못한다. 자기만족에 따라 불만의 척도가 바뀌고 있는 것인지도 모른다. 현재의 삶 자체가 완벽하다는 것을 인지할 수 있어야 한다. 그것도 마음으로부터 깊이 말이다.

나의 삶은 완벽하다. 이 완벽함이 더 좋아질 수 있다고 기대해야만 강박관념에 사로잡히지 않고 발전할 수 있다. 가지고 있는 상황들은 유연하게 재설정될 수 있다. 그렇게 할 때에 행복이라는 것은 불행한 상태와 행복한 상태에 금을 그어서 어디서부터 어디까지 행복하고 불행하다고 말하는 이상의 가치를 가지게 된다. 내 삶의 비극이 닥쳐오지 않는 상황이라면 나는 불행한 게 아니라 행복한 것이다. 그것을 기억한다면 우리는 성공적인 인생을 살 수 있고 더 행복한 삶을 꾸려 나갈 수 있을 것이다.

익숙한 혁신

생각해 볼 질문 ·······························

1. 지나치게 완벽해지려 하다 보면 어떤 부작용이 있을 수 있다고 생각하는가?

2. 성실함과 노력은 완벽에 대한 집착과는 어떻게 다른가?

3. 인생에 있어 스스로를 힘들게 할 필요가 없는 이유는 무엇인가?

산을 오른다는 생각으로

2010년도부터 신입사원(약 70명)과 4월 초경 등산을 가는 프로그램을 진행했다. 회사에 있으면 신입사원들과 마주칠 일이 적을 수밖에 없다. 그래서 1박 2일 정도 함께 힘든 산행을 하며 서로 격려하고 가족적인 분위기를 만들기로 한 것이다. 정상부터 시작하는 사람은 없다. 마찬가지로 회사에서 처음부터 큰일을 하는 사람은 없다. 그렇게 하는 것 자체가 위험한 것이다. 회사는 신입사원들에게 큰일을 하길 원하는 게 아니라는 걸 그들이 알기를 바란다.

또한 정상에 오르기 위해서는 아무리 어렵고 힘들다 하더라도 기고, 걷고, 땀을 흘리며 나아가야 한다. 등산을 통해 일을 대하는 자세를 알기를 바란다. 포기를 해 버리면 정상을 밟을 수 없다. 한 걸음 한 걸음을 모아 정상까지 도착해야 한다. 그것 자체가 하루하루 열심히 하면 성공이라는 정상에 도달할 수 있음을 의미한다.

성공은 평범함 속에서 남다른 인내심을 발휘하는 사람에게 돌아가게 되어 있다. 높은 곳을 오르려면 가장 낮은 곳에서 부터 시작해야 한다. 먼 곳에 가려면 가까운 곳에서부터 시작해야 한다는 것이 나의 생각이다. 이것이 등산의 기본 개념이며 신입사원들의 출발과 같다.

나는 등산을 다니면서 항상 글을 쓴다. 써 왔던 글의 일부를 살짝 소개해 보면 이렇다.

덕유산 향적봉 등정(2012년 4월 14일)

백룡사까지 완만한 차도로 갔다. 그러나 백룡사 삼성각 뒤로 난 등산길에 접이든 뒤로부터는 2.5㎞가 가파른 등반길이다. 산불예방 차원에서 태백 준령은 탐방하지 못하게 되어 있지만 무주구천동 계곡의 맑은 물에 절로 감탄사가 나온다. 출입이 금지된 수풀 속에서는 미지의 식생물이 많이 살고 있다니 우리의 금수강산이 바로 여기다. 아직 덜 녹은 잔설을 밟고 건너편 정상을 바라보며 하늘도 우리를 반기듯 너무나 맑고 밝은 햇살을 뿌려 주신다.

아, 우리 성우의 새싹인 젊은 신입사원들은 복 받았다. 하늘도 반겨주시고 덕유산도 감싸 안아 주시니 이보다 더 행복할 수 있을까. 내려오는 길에 백련사에 들러 4월 초파일에 켜는 연등을 불사하면서 우리 성우의 모든 가족들 건강과 안녕을 기원하였다. 나는 참으로 행복하다. 젊은 신입사원들과 같이 산행함은 나의 건강이 따라주고 있다는 것이다. 내년에도 후년에도 같이 갈 수 있기를 바랄 뿐이다. 그러나 내가 윗사람으로서 반성하고 고쳐야 할 점이 하나 있다. 그들이 꽃을 좋아한다면 꽃을 선물하고, 영화를 좋아하면 영화를 볼 것이다. 근데 내가 그들이 싫어하는 것은 무엇인지 알고 있는가. 그들이 좋아하는 것을 충족시켜 주는 일은 내가 당연히 해야 할 일일 수도 있지만, 사원들이 당연시할 수도 있다. 반면, 싫어하는 것을 피해서 해 주면 그들의 신뢰를 더 얻을 수 있는데 이것은 모르고 있었다. 그래서 반성한다. 우리는 자꾸 꼰대짓을 한다. 좀 조심해야겠다.

등산을 통해서 우리 삶의 과정과 순리에 대해 생각하게 된다. 논어에 이런 말이 있다. '子曰 知者樂水 仁者樂山 知者動 仁者靜 知者樂 仁者壽(자왈 지자요수 인자요산 지자동 인자정 지자락 인자수).' 이 글귀 마지막 부분의 인자요산(仁者樂山)은 어진 사람은 산을 좋아한다는 의미이다. 왜 착하고 어진 사람들이 산을 좋아할까? 착한 사람이 산을 찾는 게 아니다. 산이 사람을 만든다. 산은 우릴 겸허하게 하고 도리에 순응하게 한다.

익숙한 혁신

생각해 볼 질문 ....

1. 우리의 삶은 어떤 면에서 등산과 유사한가?

2. 급하게 재정적인 성공을 하려 하지 않는 태도가 필요한 이유는 무엇인가?

3. 나에게 있어 성공은 어떤 의미인가?

내가 지금 일하고 있다면

어쩌면 직장생활은 내가 보상을 받고 있다는 의미일 것이다. 함께 한 공동체에 기여해야겠다는 생각은 중요한 것이다. 삶의 균형을 위해 일주일에 하루는 가정을 위해서 다른 하루는 나 자신을 위해서 나머지 5일은 회사 업무를 위해 몰두할 수 있어야 한다. 우리나라 직장인의 근무시간은 세계 최고로 길다. 그러나 일의 밀도나 집중도는 많이 떨어진다.

업무의 집중도를 높이고 자기 일에 부가가치를 어떻게 부여해 나가는가가 제일 중요하다. 성공한 사람과 그렇지 않은 사람과의 차이는 자기계발의 차이이며 이것은 호기심을 갖고 열린 마음으로 사물을 보는 태도에 달려 있다. 자기 일뿐만 아니라 주변에 늘 관심을 갖는다면 풍부한 지식과 지혜와 경험을 쌓게 될 것이다.

어느 날, 나는 종무식 때 사원들 앞에 큰절을 했었다. 직원들이 당황하는 모습이 역력했다. 내가 송년사를 하고 말미에 아무 말을 하

익숙한 혁신

지 않고 가만히 1분간 서 있다가 "여러분 1년 동안 너무 수고를 했습니다. 그에 대해 내가 감사의 뜻으로 절을 올립니다"라고 했다. 항상 노력하는 자세로 겸손하게 살아가려 노력한다.

내가 보는 일은 곧 삶이다. 성공? 이 역시 삶의 일부이다. 성공의 의미가 각자에게 다를 수는 있지만, 나는 누구나 성공할 수 있다고 생각한다. 삶에 대한 진중함과 충실함이 성공의 지름길임을 나는 말하고 싶다. 불의에 타협하지 않는 방법으로 자신의 삶을 지켜나가다 보면, 만족스러운 날을 만나게 될 것이다. 이 글을 읽는 모든 이들이 그런 때를 만나게 되길 진심으로 바란다.

생각해 볼 질문 ....

1. 나는 일을 어떻게 바라보는가?

2. 일은 나에게 단지 생계를 유지시켜 주는 수단인가? 아니면 삶의 바탕 그 자체인가?

3. 하고 있는 일에 대한 자긍심을 고취시키기 위해 지금 나에게 필요한 것은 무엇인가?

어찌 보면, 이 책의 이야기는 내가 직장 생활을 처음 시작한 이후로 현재의 나의 모습이 되기까지의 이야기라고 할 수도 있을 것이다. 하지만 이 글들은 단순한 '옛날이야기'가 아니다. 모든 에피소드에는 나만이 가지고 있고 지키고 싶었던 내면의 소신이 분명히 투영되어 있다. 그리고 그런 나의 소신은 고루할 것 같지만 전혀 고루하지 않은 삶의 변화를 만들어 냈다.

많은 사람들은 삶의 혁신이나 변화가 대단한 발상이나 어느 날 갑자기 깨우친 깨달음에서 온다고 생각한다. 하지만, 이 순간 내가 단정적으로 말할 수 있는 한 가지가 있다. 변화나 혁신은 그런 것만으로 만들어지지 않는다는 것이다. 사람에게는 다른 사람들이 근성이라고 부를 정도의 변함없는 가치관이 있어야 한다. 그리고 불의와 타협하지 않으려는 정직성과 늘 스스로를 돌아보고 꾸준함을 보이려는 성실함이 필요하다. 이런 특성들이 변화와 혁신을 만들어 가는 것이다.

아이러니한 일이다. 혹자는 변해야 변화를 만들 수 있다고 하지만, '변하지 않는 특성'들이 '변화'를 만들어 내고 있으니 말이다. 성공은 그런 것들이 모여 만들어 내는 아름다운 예술품이라고 할 수 있다. 이미 머리말에서도 언급했듯, 성공은 재정적 부유함에 국한되는 단어가 아니다. 변화를 일구고 있는 모두가 성공한 사람들이라고 나는 믿고 있다.

이 책이 나오기까지 격려와 지원을 아끼지 않은 나의 사랑하는 모든 분들에게 감사함을 표현하고 싶다. 또한 바쁜 일상 가운데서 제대로 사랑받고 있다는 느낌을 갖도록 하지 못했다는 일말의 아쉬움과 늘 가족들에게 느껴지는 미안함도 있다. 또한 지금껏 나를 믿어 주고 지원해 주었던 주변의 영웅들에게도 감사한다. 그들은 부족한 나를 끝까지 믿고 따라 준 사람들이다. 직원들, 벗들… 그들 모두가 나에게 있어 소중한 영웅들이다.

세상을 진정으로 빛나게 하는 것은 무엇일까? 그것은 아마도 '정도(定道)'를 지키려는 사람들의 끊임없는 노력과 땀이 아닐까 생각한다. 그 '정도'라 함은 성실과 책임감, 그리고 정직, 양심과 같은 특성들이다.

소박한 삶 안에서 큰 변화와 혁신을 만들어 가는 당신을 위해 아낌없는 박수를 보낸다.

귀한 사랑

가쁜 숨을 고르고 멈춰선 채
가슴을 펴고 상념에 잠긴다.

내게 귀한 사랑들
그들을 위해 올렸던 경건한 기도
이마를 비집고 흘러내리는 그들의 성스러운 땀방울에
고개 숙여 절한다.

삶의 고난과 슬픔, 눈물을 아는 그 사람들이
지금도 내일도 우리 성우 가족에게는 빛나는 태양이기에
또 한 번 고개 숙여 절하고 싶다.

드문드문 나에게 안겨준 아쉬움과 고민으로
순간의 외면과 실망이 고개를 들기도 했지만
삶의 귀함과 희망을 가르쳐준 그들은 이미
내 안의 전부가 되었다.

오직 그들의 땀과 열정으로

무딘 철판을 갈고 닦아

생명을 불어 넣어 하나하나의 작품을 완성하는,

결코 좌절하지 않고 묵묵히 자리를 지키고 서 있는

그들에게 좀 더 가까이서 동행하고 싶다.

세상에서 가장 귀한 사람들이기에

그들의 무거운 어깨를 감싸 안고

함께 걸어가고 싶다.

2013. 12. 23